인생을 좌우하는
스피치의 힘

인생을 좌우하는 스피치의 힘

발행일	2017년 6월 12일			
지은이	김 성 희			
펴낸이	손 형 국			
펴낸곳	(주)북랩			
편집인	선일영	편집	이종무, 권혁신, 송재병, 최예은	
디자인	이현수, 김민하, 이정아, 한수희	제작	박기성, 황동현, 구성우	
마케팅	김회란, 박진관			
출판등록	2004. 12. 1(제2012-000051호)			
주소	서울시 금천구 가산디지털 1로 168, 우림라이온스밸리 B동 B113, 114호			
홈페이지	www.book.co.kr			
전화번호	(02)2026-5777	팩스	(02)2026-5747	

ISBN   979-11-5987-587-8 03320 (종이책)   979-11-5987-588-5 05320 (전자책)

이 도서의 국립중앙도서관 출판예정도서목록(CIP)은 서지정보유통지원시스템 홈페이지(http://seoji.nl.go.kr)와
국가자료공동목록시스템(http://www.nl.go.kr/kolisnet)에서 이용하실 수 있습니다.
(CIP제어번호 : CIP2017013488)

진심을 담은 말 한마디로 원하는 것을 얻는 스피치 비결

인생을 좌우하는
스피치의 힘

김성희 지음

공황장애를 극복하고 스피치 강사가 되기까지 모든 건 '말' 덕분이었다
삶을 통해 말에는 삶을 변화시키는 힘이 있다는 걸 경험한 저자 김성희,
그녀가 말로 이룬 인생 역전의 비결을 공개한다

북랩 book Lab

스피치는 사람의 마음을 여는 것이다.

우리는 왜 말을 잘하고 싶을까? 요즘은 말을 못해서 불이익을 당하고 승진에서 밀려나기도 한다. 도대체 잘하는 말은 어떤 말이기에 사람들을 힘들게 할까? 스피치를 배우러 오는 사람들은 논리적인 말을 하고 싶어 한다. 논리적인 말을 하는 사람이 말을 잘하는 사람이라고 생각하기 때문이다. 논리라는 늪에 빠져서 쉬운 말을 어렵게 생각한다. 말은 논리로 통하는 것이 아니라 진심으로 통한다. 논리적으로 말을 잘하는 사람이라 해도 상대방의 마음을 얻지 못하면 그 말은 죽은 말이다. 우리는 살아있는 말을 해야 하고 진심을 담은 말을 해야 상대의 마음을 얻을 수 있다. 말은 누구나 쉽게 알아들을 수 있도록 하는 말이 잘하는 말이다. 저자는 사람들에게 논리적인 말을 배우려고 하지 말고 진심으로 말하는 방법을 배우라고 한다.

그럼 어떻게 하면 상대의 마음을 열 수 있을까? 경청을 잘 해야 한다. 경청할 때는 말하는 사람의 행동, 눈빛, 습관까지 하나도 놓치지 말고 기억해야 한다. 경청만 잘해도 공통점을 찾아서 대화를 나눌 수 있다. 사람들은 사소한 것이라도 공통점이 있는 사람에게 끌린다. 경청으로 상대와 공감대가 형성되면 대화는 쉽게 이루어진다. 괜찮은 사람에게는 사소한 얘깃거리라도 찾아서 말을 걸고 싶은 것이 사람의 심리다. 반대로 마음에 들지 않는 사람은 어떤 꼬투리라도 잡아서 거리를 두고 싶은 것 또한 사실이다. 그러나 이 책에는 모든 사람들이 함께 할 수 있는 스피치의 기술이 숨어 있다.

말을 잘하고 싶으면 마음을 보여 줘라. 그것만큼 사람을 움직이는 방법도 없다. 나를 포장하고 겉모습만 보이려는 사람에게는 진심이 통할 수 없다. 말하는 것이 어렵다고 생각하는 사람들의 실수가 바로 자기는 보여주지 않고 상대방만 보려고 하는 것이다. 그래서 대화가 어렵다. 진심을 보여주는 것부터 시작해보자. 노력도 해보지 않고 말을 잘하는 사람이 되려고 한다면 그건 욕심이다. 어떤 것도 노력 없이 되는 것은 없다.

스피치를 못하는 사람들은 공통적으로 앉아서는 말을 잘해도 일어서면 눈앞에 커튼이 쳐져 있는 느낌이 든다고 한다. 발표하는 습관이 익숙하지 않기 때문이다. 이론적인 것은 모두들 잘 알고 있다. 그러나 앞에 나가서 말하는 것은 많이 접해 보지 않으면 어렵다. 말하는 것도 노력하고 연습하면 잘할 수 있다. 말 잘하는 사람을 보면 타고났다고 한다. 공부도 재능이고 그림, 노래, 춤 모두 재능이다. 말 잘하는 것 또한 재능이다. 그러나 재능보다 더 중요한 것은 반복적인 연습이다.

저자가 스피치를 시작하게 된 것은 공황장애라는 진단을 받고 난 뒤였다. 저자가 운영하는 문구사는 많은 사람들이 들락거리는 곳인데도 사람을 대하는 것이 무섭고 두려웠다. 자신감은 점점 사라지고 죽을 것 같은 공포가 밀려왔다. 말수는 줄어들고 우울 증세는 심해졌다. 가족들에게는 짜증만 늘었다. 불안 증세는 약으로 금방 좋아졌지만 사람들 속으로는 쉽게 들어가지 못했다. 이러다가 나를 영영 잃어버릴 것 같은 두려움에 책을 읽기 시작했다. "꿈은 성공이 아니라 성찰의 언어이고, 성취가 아니라 성장의 언어다. 꿈을 꾸면 이루어진다"라는 글귀가 나를 다시 세상 밖으로 나가게 했다. 말로써 사람들에게 꿈을 심어주고 용기를 주는 사람이 되고 싶었다. 사람들 앞에 서려면 대인공포증을 이겨내고 말을 잘해야 한다. 그날부터 꿈을 이루기 위해 스피치에 관한 책을 사서 읽고 온라인 강의도 들었다. 남 앞에 서는 것을 상상도 해보지 못한 저자가 스피치를 배우면서 달라지기 시작했다. 모르는 사람들과도 대화를 잘하게 됐고 자신감이 생기자 대인공포증도 사라졌다. 3년 동안 스피치에 미쳐서 살았다. 남들이 자는 시간에도 동영상 강의를 듣고 책은 손에 잡히는 대로 읽었다. 피나는 노력과 시간이 지나자 저자에게도 강사로 설 기회가 왔다. 기적이 일어난 것이다.

말을 잘하는 것도 타고 나는 사람도 있다. 그러나 저자의 경험으로 봤을 때 타고난 재능이 없더라도 피나는 노력과 결핍만으로 충분히 말을 잘할 수 있다. 스피치로 먹고 사는 사람도 많고 유명해진 사람도 많다. 하지만 저자에게 스피치는 살기 위한 선택이었다. 세상 속으로 들어가서 사람들과 함께 말하고 싶어서 스피치를 배웠다.

말이 주는 힘이 얼마나 대단한 것인지 모르는 사람은 없다. 하지만 어떤 말이 상대에게 용기를 주고 위로를 주는 말인지는 잘 모른다. 마음이 아프다고 하면, 왜 아파? 기분이 왜 안 좋아? 이 정도의 말뿐이다. 상대방이 말을 해줘도 그 마음을 이해하지 못한다. 그럴 때 해 줄 수 있는 것은 상대의 말을 무조건 잘 들어주는 것이다. 사람들은 상대방의 고민을 해결해 주려고 조언도 하고 충고도 한다. 그런 것은 아무런 의미가 없다. 상대방은 답을 원하는 것이 아니고 조언을 원하는 것은 더더욱 아니다. 답은 자신이 잘 알고 있기 때문에 고민과 아픔을 들어주기를 원한다. 우리는 상대가 내 말을 들어주기만 해도 위로가 될 때가 있다. 말을 잘하는 사람은 상대의 마음을 읽을 줄 안다. 말을 하는 데는 특별한 기술이 없다. 가슴속에 있는 진심이 바로 기술이다. 아무리 말을 잘하는 사람이라도 진심이 느껴지지 않는 말은 소통이 안 된다.

스피치를 잘하고 싶으면

첫째는 말을 사랑해야 한다. 말이라고 다 말이 아니듯이 사랑스러운 말, 예쁜 말을 찾아서 해야 한다.

두 번째는 자신감이다. 스스로에게 잘할 수 있다는 말을 날마다 반복해야 한다. 우리의 뇌는 상상과 현실을 구별하지 못하므로 잘할 수 있다고 생각하면 분명히 잘할 수 있다.

세 번째는 듣기를 잘해야 한다. 듣기를 잘하는 것은 말을 잘하는 것보다 더 중요하다. 상대방의 말을 듣지 않고 말을 잘하기는 어렵다. 경청만 잘해도 말하기는 아주 쉽다.

네 번째는 칭찬을 잘해야 한다. 칭찬을 잘하는 것도 말을 잘하는 방법이다. 상대방과 말을 할 때는 칭찬만 잘해도 대화를 쉽게 이끌어 갈 수 있다.

이 책을 읽는 분이라면 말에 대한 자신감이 없거나 말을 잘하고 싶은 사람이다. 하지만 말을 잘하는 방법은 아주 간단하다. 매일 연습하는 것이다. 상대를 알고 나를 알면 스피치를 충분히 잘할 수 있다. 상대를 아는 방법은 경청을 잘하는 것이요, 나를 아는 방법은 진심을 다하는 것이다. 이 책은 저자가 일상생활에서 느낀 대화법과 스피치 수업을 하면서 만난 사람들의 사연을 담아서 만든 책이다. 이 책은 잘하는 말보다 상대를 존중하고 섬기는 말에 대해 쓴 책이다.

스피치는 사람의 마음을 여는 것이다.

2017년 6월
김성희

차 례

들어가는 글 … 004

제 1 장   스피치는 마음이다

1. 스피치는 인연 … 014

2. 스피치는 필수 … 016

3. 말도 습관 … 019

4. 어려운 말 공부 … 023

5. 말은 또 다른 나 … 027

6. 욕은 맺힌 한 … 031

7. 말에도 급수가 있다 … 035

8. 소통 부재 … 038

9. 실수와 변명 … 041

10. 말은 무기 … 045

제 2 장   스피치는 힘이다

1. 재치 있는 말 … 052

2. 품격 있는 말 … 056

3. 칭찬은 습관 … 060

4. 맞춤 대화법 … 064

5. 배려하는 말 … 068

6. 말 좀 잘해보자 ⋯ 072

7. 기적을 만드는 말 ⋯ 077

8. 적과의 동침 ⋯ 082

9. 살아있는 말 ⋯ 088

10. 상처 없는 말 ⋯ 093

11. 연금술사 ⋯ 099

제 3 장   스피치는 예절이다

1. 자르기, 끼어들기 ⋯ 106

2. 징검다리 역할 ⋯ 111

3. 서로 달라도 함께 빛나는 말 ⋯ 115

4. 대화는 배려하고 섬기는 것 ⋯ 120

5. 말에 멍든 아이들 ⋯ 125

6. 향기로운 말 ⋯ 128

7. 꿈을 키우는 말 ⋯ 133

8. 마음 읽기 ⋯ 137

9. 긍정 OK, 부정 NO ⋯ 141

10. 소통은 사랑이다 ⋯ 146

11. 인생을 바꾸는 말 ⋯ 152

제 4 장 　스피치는 기술이다

1. 자신감 … 158

2. 구체적인 사례 … 162

3. 쉬운 말로 하라 … 166

4. 입은 하나, 귀는 두 개 … 169

5. 소통의 시작은 인사 … 172

6. 예쁜 말은 적금 … 175

7. 마음을 얻는 질문법 … 178

8. 비언어 스피치 … 182

9. 인상, 복장 … 186

10. 초면인 사람과 대화하는 방법 … 189

11. 감정 수위 조절 … 193

마치는 글 … 196

제1장

스피치는 마음이다

1. 스피치는 인연

아침마다 휴대폰에서 '카톡' 하는 소리에 잠을 깬다. 오늘도 날씨가 춥다는 말과 운전 조심하라는 문자가 와 있다. 눈을 반쯤 뜨고 문자를 읽고 답을 보냈다.

K를 만난 건 작년 봄이었다. 자기소개를 하는데 자신감이 없었다. 연신 손이 머리와 입으로 갔다. 자기소개를 마친 K는 집안 형편이 어려워 많이 배우지 못해서 말을 못한다고 생각했다. 그다음 주 수업에도 K는 자기의 부족함을 탓하고 있었다.

열등감에 갇힌 사람은 자존감을 갖게 하는 것이 우선이다. 그에게 자신감을 심어주기 위해 장점을 찾아서 칭찬을 해 줬다. 처음에는 칭찬도 어색해하고 부끄러워했지만 시간이 지나자 조금씩 자신감을 갖기 시작했다. 발표하는 모습도 처음보다는 달라졌고 말도 잘하려고 노력했다. 부정적인 생각과 열등감도 칭찬의 힘에는 무너진다. 스피치를 잘하려면 먼저 자신을 존중하고 사랑할 줄 알아야 한다. 자신을 사랑할 줄 모르는 사람은 상대를 설득시킬 수 없다.

K는 다른 사람이 갖지 못한 순수함을 가지고 있었고, 누구보다도 배우고자 하는 열정이 강했다. 그에게 칭찬하는 것은 쩍쩍 갈라진 논바닥에 물을 대어주는 것과 같았다. 가르치는 대로 흡수했고 시키는 대로 따라 주었다. 학벌이 뛰어나고 스펙이 좋은 사람도 교수법을 따

라 하지 않으면 스피치는 잘할 수 없다. 자존감은 하루아침에 생기는 것은 아니다. 꾸준히 칭찬하고 용기를 준다면 분명히 달라진다. K에게도 처음부터 잘못된 습관만 지적했다면 주눅이 들어서 스피치를 포기했을지도 모른다. 우리는 모든 것을 다 갖출 수는 없다. 부족한 것은 부족한 대로 인정해 주고 잘하는 것만 칭찬해 주면 스피치는 얼마든지 잘할 수 있다.

K는 자신의 부족함을 알고 남들보다 몇 배 더 열심히 공부를 했다. 모르는 것은 질문하고 다른 사람들이 발표할 때도 집중해서 들었다. 조금씩 자신감이 생기자 스피치에 열정적인 사람이 되어갔다. K가 스피치를 할 때는 모두들 귀 기울여 들었다. 그는 자신의 삶을 동화 같은 이야기로 풀어냈다. 사람들의 칭찬과 박수 소리는 그에게는 자신감을 얻는 동시에 자존감을 높일 수 있는 힘이 되었다. 우체국에서 배달 일을 하는 K가 사계절의 삶을 하나둘씩 풀어 놓으면 사람들도 동화 속의 주인공이 된다.

스피치로 만난 사람들은 수없이 많다. 그중에는 스쳐 지나가는 사람들이 있는가 하면 K같이 좋은 인연이 되어 만남을 이어가기도 한다. 오늘도 '카톡' 하는 소리가 나를 깨운다. K가 자연을 벗 삼아 세상으로 소풍을 가는 시간이다.

2. 스피치는 필수

    스피치는 왜 필요할까? 상대를 설득하고 인간관계를 잘하기 위해서다. 저자가 학교 다닐 때만 해도 국어과목에 읽기, 쓰기는 있었지만 말하기는 없었다. 그 당시는 말을 많이 하면 버릇없다는 소리를 들었다. 그러나 요즘은 어떤가? 말 못하는 사람이 살기 힘든 세상이 되었다. 말만 잘하면 돈도 벌고, 직장 생활도 잘하고, 인간관계도 수월하게 한다. 어떤 사람은 논리적이고 설득력이 있는 말을 하는가 하면 말주변이 없어 손해 보는 사람도 있다. 말 잘하는 사람이 유리한 세상이 되었다.

    어떻게 하면 스피치를 잘할 수 있을까? 스피치의 기술만 익히면 말을 잘할 수 있다고 오해하는 사람도 있다. 물론 방법을 알면 말을 잘할 수는 있다. 그러나 기술만으로 하는 말은 상대의 마음까지는 얻지 못한다. 말하는 방법을 배우기 전에 상대방의 마음 읽는 연습부터 해야 한다. 사람 관계에서는 논리적인 말보다 마음이 통하는 것이 우선이다. 말을 잘하려면 나를 낮추는 방법을 먼저 알아야 한다. 나를 낮추는 말은 상대를 존중하고 배려하는 말이다. 이런 말은 희망이 되고, 삶의 활력소가 된다. 말을 잘하는 사람은 상대를 배려할 줄 안다.

    말 때문에 상처받고, 싸우고, 적을 만드는 이유는 무엇일까? 욕심 때문이다. 욕심이 없는 말은 상처도 없고 다툼도 없다. 그럼 어떤 말이 욕심이 없는 말일까. 상대방이 말을 할 때는 정성을 다해 경청을 해 주고 상대가 듣고 싶어 하는 말을 해 주는 것이다. 상대가 속마음을 털어 놓는 것은 해결책을 원해서가 아니라 위로 받고 싶어서이다.

면접 스피치를 배우러 온 L군은 자기가 노래를 잘한다고 생각했었다. 그런데 초등학교 6학년 음악시간에 L군의 노래를 듣고 친구들이 웃기 시작했다. L군은 그 이후로 한 번도 노래를 부르지 않았다고 했다. 그에게는 면접도 중요했지만 마음 치유가 우선이었다. 먼저 L군에게 인성면접을 볼 때 노래를 못하는 것을 단점으로 적으라고 했다. "지금은 노래를 잘 못 부르지만 신입사원 환영식 때는 멋지게 한 곡 부를 수 있도록 열심히 준비하겠다"고 적었다. L군은 당당히 취업시험에 합격을 했다.

말로 받은 상처 때문에 말을 못하는 경우가 있다. 마음속에 생긴 상처를 치료하지 못하면 스피치는 제대로 할 수 없다. 말로 받은 상처가 있는 사람은 상처를 치유할 수 있는 기회를 줘야 한다. 처음에는 자기의 마음을 드러낸다는 것이 힘들고 어렵다. 하지만 날마다 자신의 아픈 상처를 노트에 적고 말로 나타내는 연습을 하면 자신도 모르는 변화를 느낄 수 있다.

옛날에는 판검사, 의사, 국회의원이 성공한 사람들이었다. 요즘은 보통사람들도 말만 잘하면 출세하는 경우도 많다. 다양한 분야에서 적지 않은 사람들이 스피치를 배우려고 한다. 아무리 말을 못하는 사람이라도 체계적인 수업을 받다 보면 말을 잘하게 된다. 스피치는 타고나는 것이 아니라 꾸준한 연습과 노력이다. 말하는 실력이 뛰어난 사람들의 특징을 보면 제대로 된 코치를 받고 꾸준히 연습한 결과로 변화와 성장을 경험한다. 스피치를 하면서 자신의 생각과 행동이 달라지고 삶이 어제와 달라진다면 스피치의 기적을 경험한 것이다.

말을 잘하면 인생을 바꿀 수 있을까? 실제로 경험한 저자로서는 자신 있게 말할 수 있다. 인생이 바뀐다. 인간의 운명을 바꾸는 것은 여러 가지가 있다. 로또 복권, 주식 대박 이런 확률게임은 쉽지 않기 때문에 운명을 바꾸기는 어렵다. 하지만 내가 어떤 말을 하느냐에 따라서 복이 들어오고 나가는 것쯤은 누구나 다 아는 사실이다.

인생이 변화될 수 있는 말이 어떤 말인지 찾아야 한다. 상대를 배려하고 섬기는 말은 감동이 있다. 그게 스피치의 힘이다. 스피치를 경험해 본 사람과 그렇지 않은 사람의 차이는 엄청나다.

스피치는 방법도 중요하지만 겸손하고 예의바른 자세가 먼저다. 말한마디를 해도 책임 있는 말을 해야 하고 상대에게 상처주는 말은 피해야 한다. 사람마다 얼굴이 다르듯이 능력, 의지력, 정신력, 인격이 다르다. 언변은 뛰어나도 감동을 주지 못하는 사람이 있다. 그런 사람은 자기 말만 옳다고 주장하기 때문에 상대방에게 공감을 얻을 수 없다. 진심이 없는 말은 메아리만 될 뿐이다. 비록 말은 어눌해도 마음을 전하는 사람의 말은 감동이 있다.

스피치는 마음을 열기 위한 것이다. 마음만 열 수 있다면 어떤 사람과도 소통이 가능하다. 그게 스피치를 해야 하는 이유다.

3. 말도 습관

　오랜만에 친구와 저녁을 먹기로 했다. 간장게장을 좋아하는 친구를 위해 거리가 멀었지만 유명하다는 맛집을 찾아갔다. 그런데 이게 웬일인가. 간장게장은 점심 특선이란다. 직원에게 사정을 이야기하고 양해를 구했지만 한마디로 거절을 했다.

　기분이 언짢아서 나오는데 사장님이 무슨 일이냐고 물었다. 사정을 설명했더니 연신 죄송하다고 고개를 숙였다. 사장님은 직접 상을 봐주고 음료수까지 챙겨줬다. 밥은 먹게 되었지만 마음은 편하지 않았다. 자신의 임무에 충실한 직원을 탓할 수는 없지만 손님의 입장이 되어서 말을 했더라면 하는 아쉬운 생각이 들었다.

　말 한마디로 원수도 되고 친구도 되는 이유를 알 것 같다.

　5년 전 딸아이와 백화점에 갔다. 이곳저곳을 둘러보다 옷이 예쁜 집에 들어갔다. 직원이 세 명이나 있는데도 누구 하나 먼저 인사하는 사람이 없었다. 각자 할 일만 열심히 하고 있었다. 옷 가격을 묻자 퉁명스럽게 꼭 살 거냐고 물었다. 어이가 없고 기분이 나빠서 나와 버렸다.

　물건을 사든 안 사든 손님에 대한 예의가 없는 사람들이었다. 겉치레만 보고 사람을 판단한다는 것처럼 위험한 일이 없다. 기본도 모르는 사람은 인격이 부족하다. 처음 보는 사람에게는 말처럼 중요한 것이 없다. 말이란 자신을 나타내는 품격이다.

세계 2차 대전 당시 전쟁고아가 된 남매가 있었다. 아우슈비츠 강제수용소로 끌려가는 도중에 동생이 신발 한 쪽을 잃어버렸다. 누나는 동생에게 '바보같이 신발도 못 챙기는 멍청이'라고 욕을 했다. 남매는 수용소에서 헤어졌다. 전쟁이 끝나고 동생은 감옥에서 죽었고 누나는 기적적으로 살아났다. 동생이 죽었다는 소리를 듣고 누나는 후회가 되었다. 동생이 마지막 순간에 떠올린 건 자기를 비난했던 누나의 모습이기 때문이다.

우리는 가족에게 함부로 말을 하는 경우가 있다. 아무리 가족이라도 말을 아무렇게나 하는 것은 잘못된 것이다. 가까울수록 말을 조심하고 고운 말을 해야 한다. 남에게 받는 상처보다 가족에게 받는 상처가 더 크기 때문이다. 남편, 아내, 자식이라는 이유로 얼마나 많은 실수를 하고 사는지 한 번쯤 생각해봐야 한다. 내 입에서 나가는 순간 말은 내 것이 아니라 상대의 것이다. 실수라고 말해도 때는 늦는다. 부부싸움을 할 때도 마지막 말은 피하라고 했다. 싸워도 서로 규칙을 정해 놓고 싸운다면 말로 인한 상처는 없을 것이다.

지인의 남편은 소아마비로 한 쪽 다리가 불편하다. 그런데 어느 날 주사가 심한 남편에게 지인이 술을 조금만 마시라고 하자, 남편은 화를 참지 못하고 지인에게 폭언을 했다.

부부싸움을 하는 사람들을 보면 어떻게 하면 서로에게 상처를 많이 줄까 경쟁하는 사람들 같이 싸운다. 가슴에는 피멍이 들고 마음은 갈기갈기 찢겨 씻을 수 없는 상처를 준다는 사실을 그 순간에는 알지 못한다.

그런 말싸움을 왜 죽자고 하는 걸까? 말은 잘하면 상대를 감동시키지만 잘못하면 화를 불러온다. 말싸움은 서로에 대한 존중이 부족하고 섬김이 부족해서 일어난다.

싸움도 규칙을 정해 놓고 해보자. 화나는 일이 있으면 본질을 파악하고 각자의 입장이 되어 생각할 수 있는 시간을 가져보자. 당장 해결하지 말고 시간을 두고 생각해보는 것도 좋은 방법이다. 싸움이 일어나는 이유는 이성보다 감정이 앞서기 때문이다. 솔직히 화가 나서 미칠 것 같은 상황인데 한 박자 늦춘다는 것이 말처럼 쉽지는 않다. 그러나 이것도 연습만 하면 충분히 가능하다.

결혼이란 두 사람이 만나서 서로를 존중하고 규칙을 지키는 것이다. 규칙을 어긴다면 결혼생활을 포기해야 할 상황이 올지 모른다. 상대가 화가 났을 때는 화를 자제하도록 도울 수 있는 말이 필요하다. 당신의 입장을 이해한다는 표현을 해 주는 방법이다. 상대가 거친 말을 하면 상대의 장점을 찾아서 칭찬하는 말을 해보는 것도 좋다.

말을 잘하는 사람은 상대를 변화시키려고 하지 않는다. 자신이 먼저 변화된 말과 행동을 함으로써 상대가 변화할 수 있도록 한다. 내가 변하면 상대방도 분명히 변하려고 노력한다. 고운 말을 하기 시작하면 나쁜 말을 잃어버리고, 나쁜 말을 많이 하면 고운 말을 못한다. 상대방을 존중하는 마음이 생기면 싸울 일도 줄어든다. 우리는 누군가의 생각을 미리 판단하는 일이 있다. 서로의 입장을 제대로 알고 말을 하면 오해하는 일도 줄어들고 상처받는 일도 없다.

친절한 한마디가 상대를 즐겁게 하고 나를 행복하게 한다. 가까운 가족일수록 말을 함부로 하지 말아야 한다. 누구에게는 농담이 될 수 있는 말이 나한테는 큰 돌덩이가 될 수 있고 대못이 되어 가슴에 박힐 수도 있다. 폭력은 몸에 상처를 남기지만 언어폭력은 평생 가슴에 남는다.

　말도 습관이다. 우리는 어떤 말을 습관화할 것인가? 말씀을 하는 사람이 될 것인가. 말씨를 뿌리는 사람이 될 것인가. 나쁜 말투로 사람들에게 상처를 줄 것인가. 선택은 각자의 몫이다.

4. 어려운 말 공부

　세상에서 가장 어려운 공부가 말 공부라고 하는 친구가 있다.

　저자보고 "말을 잘해서 좋겠다. 사람의 마음을 잘 읽을 줄 알아서 부럽다"라고 한다. 저자도 처음부터 말을 잘한 것은 아니었다. 단지 상대방의 입장에서 들어주고 공감해 줬을 뿐이다.

　스피치를 배우러 오는 사람들은 말 때문에 손해를 보고 말 때문에 오해가 생겨서 힘들다고 한다. 그 이유는 무엇일까? 상대방에게 들은 말을 자기의 생각과 감정을 보태서 전달하기 때문이다. 사람은 얼굴 생김새가 다르듯 생각도 다르고 성격도 다르다. 다름을 인정하고 대화를 한다면 소통은 한결 쉬워진다. 말을 전달할 때는 사소한 이야기라도 신중하게 전해야 한다. 본인의 잘못된 생각으로 '그렇겠지'라고 짐작하는 말을 하는 순간 말은 독이 된다.

　대체로 말을 잘한다고 하는 사람들을 보면 자기 말만 한다. 말을 잘하는 사람은 자기가 하고 싶은 말을 하는 것이 아니라 상대가 듣고 싶은 말을 하는 사람이다. 스피치를 배우는 사람들 중에는 말을 아주 잘하는 사람도 있다. 그런데도 말을 배우러 오는 이유가 있다. 말은 잘하는데 자기의 말에 상대방이 공감을 안 해 준다는 것이다. 그런 사람의 말은 진심이 없고 자랑하는 말만 하기 때문이다.

　사람들은 자기에게 공감되지 않는 내용에 대해서는 감동도 없고 관심도 없다. 자기 말만 늘어놓고 어려운 단어로 말을 하면 아무도 듣지 않는다. 말을 잘하는 사람은 상대방이 공감할 수 있는 내용으로 초등학생도 알아들을 수 있게 말을 해야 한다. 아무리 좋은 정보도 상대가 알아들을 수 없는 것은 의미가 없다.

다른 사람과 소통이 안 된다고 생각하는 사람은 어떤 말을 하는지 자신의 말을 살펴보아야 한다. 생각보다 소통이 어렵다는 사람이 의외로 많다. 직장에서는 상사와 부하 직원, 집에서는 남편과 아내, 부모와 자식, 어른들과 아이들 모두가 소통이 안 된다고 외친다. 소통을 하고 싶으면 소통할 자세가 되어 있어야 한다. 먼저 마음을 열고 진심으로 상대방에게 다가가야 한다. 그리고 있는 그대로의 나를 보여 줘야 한다. 사람들은 있는 그대로의 모습에 감동하고 공감을 한다. 거창한 말보다 사소한 말 한마디가 더 가슴에 와 닿는다.

나를 드러내지 못하는 말은 진실성이 없다. 그런 말은 나는 없고 보여주기 위한 나만 존재한다. 때로는 나를 숨기고 말할 수는 있다. 하지만 시간이 지나면 지날수록 말문이 막히고 만다. 거짓은 또 다른 말로 포장을 하게 하고 나중에는 진실을 말하고 싶어도 할 수가 없다. 여자들이 화장을 두껍게 하면 벗겨내는 데 오랜 시간이 걸리듯이 말도 포장을 많이 하면 벗겨내기가 어렵다. 진심은 그럴싸한 말에서 나오는 것이 아니라 깊이 있는 내면의 울림이다.

말 공부가 어려운 사람들은 가슴이 시키는 말만 하면 된다. 꾸미려고 하지도 말고 진심을 말하면 소통은 자연스럽게 된다.

속담에 '뚝배기보다 장맛'이라는 말이 있듯이 번지르르한 말보다 진심이 담긴 말이 감동을 준다.

스피치를 배우러 오는 사람들의 공통점은 말 잘하는 기술을 배우고 싶어 한다는 것이다. 논리적으로 말을 하면 말을 잘하는 것으로 오해한다. 스피치를 실패하는 이유는 말을 기술로 하기 때문이다. 남에게 보여주는 말만 하면 자신의 내면은 잃어버린다. 말도 마찬가지다. 내면의 소리로 말을 해야지 말을 잘할 수 있다. 공자는 "바탕과 겉모습이 조화를 이루어야 군자답다"라고 말했다. 마음만큼이나 표현하는 능력도 중요하다는 말이다.

저자는 사람들에게 말하는 기술보다 진심으로 말하는 방법을 가르친다. 개중에는 기술만 배우면 그만이라고 생각하는 사람도 있다. 하지만 기술만으로는 상대를 감동시킬 수도 없고 설득력도 없다. 누군가를 설득하려면 논리적인 말보다는 상대방의 마음을 열어야 한다. 마음속에 있는 진심을 말하면 어떤 사람도 무장해제가 된다.

저자의 지인은 고집불통이다. 아내의 말도 자식의 말도 전혀 듣지 않는 사람이다. 어릴 때부터 자기 마음대로 해온 사람이라 누구의 말도 받아들이지 않는다. 그를 설득할 수 있는 방법은 무엇일까? 그에게도 진심은 있을 것이다. 아무리 독불장군도 상대가 진심으로 다가가면 마음이 열리게 마련이다. 오랜 세월을 그렇게 살았기 때문에 하루아침에 달라지기는 힘들다. 하지만 그에게도 분명히 사연이 있었을 것이다.

그런 사람일수록 그의 말을 인정해 주고 공감해 준다면 조금씩 마음을 열 수 있다. 고집이 세고 자기 말만 주장하는 사람일수록 대화가 간절할지도 모른다. 대화를 하고 싶어도 자기를 이해해 주는 사람이 없다고 생각하기 때문에 가족들과 소통이 어렵다. 그래서 스스로 대화의 문을 닫고 울타리에 갇혀서 살아갈지도 모른다. 하지만 누군가가 따뜻한 마음으로 그를 존중해 주고 그의 말에 귀 기울여 준다면 마음을 열고 밖으로 나올 수 있다.

세상에는 대화가 안 되는 사람은 없다. 다만 어떤 방법으로 말을 해야 할지 모를 뿐이다. 말이란 상대방을 이해하고 존중하는 것이다.

대화에는 일방적인 것은 없다. 직장상사, 부모, 어른이라는 이유로 윽박지르는 대화를 하는 것은 잘못된 것이다. 옳고 그름을 떠나서 서로 다름을 인정해 주고 의견을 조율해 나가는 사람이 말을 잘하는 사람이다. 말 공부의 핵심은 나를 낮추고 상대를 높이는 것이다.

5. 말은 또 다른 나

매사에 따지고 드는 지인이 있다. 식당. 마트. 백화점 어디를 가도 불평불만이다. 동행한 사람들이 민망할 때가 많다. 얼마 전에 지인들과 함께 베트남 쌀국수 집에 갔다. 그는 국수에서 냄새가 난다고 주인을 불러서 따졌다. 베트남 특유의 향이라고 설명했는데도 못 먹겠다고 했다. 다른 음식으로 바꾸어 놓고도 맵고 짜다는 이유로 퇴짜를 놓았다. 사사건건 트집을 잡는 사람은 성격에 문제가 있다.

저자가 아는 Y도 불평불만이 가득한 사람이다. 딸 많은 집에 외동아들로 태어나 자기 마음대로 해왔다. 다른 사람의 의견은 무시하고 말끝마다 부정적이다. 꼬일 대로 꼬인 성격이라 가족들과 대화도 어렵다.

그는 가난한 부모 밑에 태어난 것에 대한 원망을 다른 사람에게 나타냈다. 자기가 원하는 대로 되지 않을 때는 상대방을 전혀 배려하지 않는 행동과 말을 했다. 그의 불만은 세상에 대한 원망과 부모에 대한 원망이 만들어 낸 결과였다. 그는 세상과 싸워서 이길 수 있는 방법이 돈 뿐이라고 생각했다. 그 결과 돈은 얻었지만 자신은 잃어 버렸다. 술만 마시면 자기의 삶을 넋두리 한다. 돈만 보고 살다 보니 성격도 난폭해지고 거칠어졌다고 한다.

그가 거친 말을 하고 욕을 하는 것은 자신을 다스리지 못한 결과이다. 환경이 힘들다고 모든 사람이 말을 거칠게 하거나 불평불만을 하는 것은 아니다. 말과 행동은 그 사람의 인격에서 나오는 것이기 때문이다.

스스로 깨우치고 배워야 하는 것이 말 공부다. 가난하다고 말까지 함부로 해선 안 된다. 말이란 태어나서 부모에게 배운다. 그의 아버지는 자상하고 친절한 분이셨다. 한 번도 남에게 함부로 말을 하지 않았다. 그의 어머니도 동네에서 사람 좋기로 소문났었다. 말은 태어나면서 처음 부모에게 배운다. 어느 부모가 자식이 말을 함부로 하도록 가르칠까. 아무리 좋은 말, 바른말을 가르쳐도 안 따라주면 소용이 없다. 집안에서는 부모의 말에 영향을 받지만 밖에 나와서는 말에 대해 본인이 판단을 해야 한다. 바르게 말을 하는 사람은 스스로 깨우치면서 배운 자이다.

사람들은 차를 몰고 갈 때 가장 욕을 많이 하는 것 같다. 멀쩡하던 사람도 차만 타면 욕을 한다. 아들이 초등학교 다닐 때였다. 차를 타고 가다가 갑자기 끼어드는 차량에 놀라 무의식적으로 욕이 나왔다. 놀란 가슴을 쓸어내리기도 전에 아들이 왜 욕을 하냐고 물었다. 어떤 이유로도 아들을 설득시킬 수 없는 상황이었다.

그 후로는 운전을 해도 위험한 상황이 오기 전에 미리 양보하고 천천히 가는 걸 택했다. 뭐든 욕심이 앞서다 보면 욕도 하게 되고 거친 말도 나온다. 차를 타고 가다가 싸우는 사람들이 있으면 "욕심을 내려 놓으면 된다"라고 혼자 말을 하고 지나간다. 옆자리에 아이를 태우고 욕하는 사람을 보면 아이가 보고 그대로 따라 한다는 말을 해 주고 싶다.

좋은 말, 나쁜 말도 습관이고 욕도 습관이다. 욕을 하면 당장은 속이 후련할 수도 있다. 그러나 길게 보면 내게 독이 되어 돌아온다. 무의식적으로 화가 나면 욕이 나오는 것도 습관이다. 고운 말을 하려면 날마다 좋은 글을 찾아서 읽고 마음을 다스리는 연습을 해야 한다. 꾸준히 연습을 하면 머릿속에는 고운 말만 남게 된다. 말하는 습관을 바꾸라고 하면 시간이 없다는 사람이 있다. 고운 말을 하는 데는 시간이 필요한 것이 아니다. 대화를 할 때마다 좋은 말을 의도적으로 표현하면 습관이 된다. 책이나, 라디오, 인터넷, 잡지, 다른 사람의 좋은 말을 적어 놓고 읽어보는 연습도 도움이 된다. 이런 방법을 몰라서 못 하는 사람도 있지만 알면서도 안 하는 사람이 더 많다.

자신의 인격을 누가 대신 만들어 줄 수는 없다. 스스로 느끼고 깨우쳐서 행동으로 옮기는 것이다. 공부를 많이 하고 안 하고는 인격과는 별개이다. 말하는 것과는 더욱 별개이다. 많이 배우면 지식은 쌓이겠지만 인격은 아니다. 인격은 바른 생각에서 고운 말로 나온다. 좋은 말은 자신에게만 영향을 주는 것이 아니라 가족, 동료, 친구, 모든 이에게 영향을 끼친다. 말은 신경을 써서 갈고 닦아야 보석이 된다. 좋은 생각을 하고 고운 말 하는 연습을 해보자. 놀라운 일이 일어난다.

초파일에 친구 따라 절에 갔다. 법당 안에는 사람들로 발 들여 놓을 틈이 없었다. 그런데도 사람들은 밀고 안으로 들어갔다. 부처님을 보고 소원을 빌어야 이루어진다는 욕심 때문이다. 친구는 법당에서도 한참 떨어진 곳에서 "부처님 제 마음 알지요?"라는 한마디를 하고 돌아 나왔다.

때로는 긴 말보다 짧은 한마디가 더 효과적일 때가 있다. 구구절절 표현 안 해도 통하는 사람들은 금방 알아듣는다. 태어날 때부터 말

을 잘하는 사람은 없다. 말을 잘하는 사람도 하루아침에 된 것은 아
니다. 매일 꾸준히 연습을 생활화 한다면 분명히 말을 잘할 수 있다.
말버릇을 환경 탓으로 돌리지 말고 하나씩 고쳐나간다면 변화된 자신
의 모습을 볼 수 있다. 말은 곧 나 자신이기 때문이다.

6. 욕은 맺힌 한

갑자기 발열과 오한이 느껴져서 응급실에 갔다. 의사들은 상태를 살펴보고 검사를 하자고 했다.

저자와 마주보고 있는 침대에는 할머니가 산소 호흡기를 달고 수혈을 하고 있었다. 그 옆에서는 중년의 남자가 할머니에게 계속 말을 시키고 있었다. 처음에는 아들인 줄 알았는데 이야기를 듣다 보니 장모와 사위였다. 할머니는 고통이 심한지 큰소리로 앓는 소리를 냈다. 그런데 사위는 "며칠만 지나면 봄이 옵니다. 봄이 오면 꽃구경도 가고 요양원에서 나와 우리 집에서 함께 살아요", "내일은 아버지가 돌아가신 지 일 년째 되는 기일이라 누나와 매형들이 옵니다. 집안이 북적북적해서 좋겠어요"라는 말을 장모님에게 해 줬다. 옆에 있는 환자들에게 피해를 줄까 봐 말도 조용하게 했다. 장모님이 못 알아듣고 다시 물어도 몇 번이고 설명을 했다.

그는 말을 참 잘하는 사람이다. 내 입장이 아니라 상대방의 입장이 되어 말을 해 준다는 것은 보통의 배려가 아니다. 사람들은 대화 도중에 상대방이 못 알아듣고 되물으면 짜증을 낸다. 말하는 사람도 짜증, 듣는 사람도 짜증이 나서 대화가 잘 이어지지 않는다. 서로가 상대를 배려하는 마음이 없기 때문이다. 상대방이 제대로 알아듣지 못했다고 하면 천천히 한 번 더 설명해 줄 수 있는 사람이 말을 잘하는 사람이다.

건너 침대에는 옹알이도 못하는 아기 환자가 들어왔다. 열이 심해서 옷을 벗기고 수액을 다는 과정에서 혈관을 찾느라 간호사들이 진땀을 흘렸다. 아기들은 혈관이 가늘어서 찾기가 어렵다. 자지러지게 우는 아기를 지켜보는 엄마는 속이 탄다. 몇 번을 시도하다가 겨우 혈관을 찾았다. 우는 아기가 안쓰러워 엄마는 아이를 가슴에 안았다. 간호사는 엄마에게 열나는 아기를 안는 것은 난로에 기름을 붓는 격이라고 했다. 하지만 엄마는 아픈 아기를 안아 주는 것 외에는 아무런 생각을 할 수 없다.

아기 엄마의 모습이 26년 전 저자의 모습이다. 딸아이가 태어나서 40일 만에 고열로 응급실에 실려 갔다. 갓난아기라 혈관을 못 찾아 결국은 머리에 주사바늘을 꽂았다.

딸아이의 손과 발은 주사 자국으로 성한 곳이 없었다. 친정 엄마는 간호사들이 아기를 잡아 놨다고 소리쳤었다. 간호사도 지지 않고 "할머니, 우리도 아기를 살리려고 그랬어요"라며 화를 냈다. 친정엄마를 진정시키고 간호사에게도 사과를 했다. 서로의 입장이 다르다 보면 흥분할 수 있는 일이다. 엄마는 어린 손녀가 안쓰러운 마음이 앞섰을 것이다. 간호사들은 아기의 혈관 찾기가 힘들고 어려운 일인데 그런 말을 들었으니 화가 날만 했다.

역지사지로 생각하면 각자의 입장이 될 수도 있는 일이다. 엄마도 간호사가 딸 같았으면 그런 말을 안 했을 것이다. 간호사도 자기 엄마 같았으면 화를 내지 않았을 것이다. 모두들 자기 생각, 자기 입장만 내세우다 보니 기분이 상한 것이다. 조금만 한 발짝 물러나서 보면 서로의 가족 일이다. 간호사도 아기 엄마도 서로를 이해하고 상대방 입장에서 말을 했으면 좋겠다.

그런 와중에 119에 실려 들어온 중년의 남자는 오자마자 의사와 간호사에게 욕을 했다. 자기는 아무렇지도 않으니까 병원에서 나가게 해 달라고 소리를 질렀다. 의사는 119에 실려 들어온 응급환자라 검사가 끝나야 보내드린다고 했다. 하지만 막무가내로 욕을 하는 남자는 사람들의 눈살을 찌푸리게 했다. 그는 지켜야 할 최소한의 기본도 모르는 사람이었다.

그 환자는 마음속에 원망과 분노가 가득 찬사람 같았다. 자기 안에 쌓인 화를 밖으로 끄집어 내지 못하면 나중에는 더 많은 분노가 쌓인다. 그도 하고 싶은 말은 많았지만 자기에게 관심을 가져주는 사람도 없고 자기 말에 귀 기울여 들어주는 사람도 없었을 것이다. 그래서 욕으로 자신을 나타내고 있는지도 모른다.

저자는 자라면서 부모에게 한 번도 욕과 나쁜 말을 들어 본 적이 없었다. 그런데 결혼을 하고 처음으로 시어머니에게서 욕을 들어봤다. 시어머니는 술만 드시면 저자에게 전화를 걸어 온갖 욕을 했다. 잘못한 일도 없는데 욕을 하고 화를 냈었다. 본인의 감정을 다른 사람에게 풀어낸다는 것처럼 위험한 일도 없다. 이유 없는 언어폭력은 살인과도 같다. 전화벨만 울려도 가슴이 벌렁거리면서 불안증과 불면증에 시달렸다.

시어머니는 술을 안 드시면 정이 많으신 분이다. 어쩌면 어머니에게는 말 못한 사연이 있을 것 같았다. 남편은 한 번도 가족사를 말해 준 적이 없었다. 어머니가 맑은 정신일 때 살아온 이야기를 해달라고 했다. 어머니는 6대 독자인 시아버지에게 시집을 왔다. 손이 귀한 집에 아들 넷을 낳고 딸 둘을 낳았다. 하지만 아들 셋을 먼저 하늘나라로 보냈다. 그런 큰 아픔을 겪으신 어머니가 살아계신다는 것이 기적이었다. 자식 셋을 앞세운 어머니가 어찌 맨 정신으로 살 수 있었을까.

어머니의 표현은 술이었지만 누군가에게 자신의 아픔을 말하고 싶었는지도 모른다. 진작 어머니의 마음을 알았다면 아픈 상처를 안아 드렸을 텐데 죄송스러웠다.

사람들은 서로의 마음을 알지 못해서 오해가 생긴다. 욕을 하던 나쁜 말을 하던 나한테 할 때는 한 번쯤 귀 기울여 들어 보면 답을 찾을 수도 있다. 욕을 하는 사람들은 심리적으로 불안하다. 말을 잘하는 사람은 상대방이 편하게 말할 수 있게 마음을 열어 놓는다. 남자라서 못한 말, 자존심 때문에 못한 말, 이런저런 이유로 숨겨 놓은 말들이 분노를 만들 수도 있다. 누군가 옆에서 듣기만 해줘도 욕하는 사람의 마음이 풀리고 위로가 된다. 사람들은 문제의 답을 스스로가 잘 안다. 다만 관심 받고 싶고 공감을 얻고 싶을 뿐이다. 간절함이 강할수록 대화하기를 원하지만 표현법이 다르고 말투가 다를 뿐이다.

고운 말, 예쁜 말만 하고 살면 좋겠지만 살아온 환경, 성격이 다르므로 자기 기준으로 판단하면 실수하기 마련이다. 말이 거친 사람도 마음은 따뜻하고 욕을 하는 사람도 근본은 착한 사람들이다. 이런저런 사람들을 다 아우르고 살아갈 줄 아는 사람이 말의 고수다.

7. 말에도 급수가 있다

아들이 늦은 밤에 혼자 개그콘서트를 보면서 키득키득거렸다. 웃는 소리가 크게 들려서 무엇이 저렇게 재미있나 하고 거실로 나갔다. 개그맨 두 명이 말을 거꾸로 하는 장면이었는데 별것도 아닌 것 같은데도 아들은 박장대소를 했다. 요즘같이 웃을 일이 없는 세상에 개그 방송이 사람들을 즐겁게 해줘서 다행이다.

유머를 잘 구사하는 사람은 어디를 가도 인기가 있다. 직장에서도 유머러스한 사람은 인기가 많다. 모임에 가도 재미있는 친구가 있다. 남들은 웃겨 죽겠다는 표정인데 자기는 아무렇지도 않게 말하는 표정조차 보면 웃음이 나온다.

아들이 초등학교 1학년 때부터 시작한 자모회가 있다. 다섯 명 중에 한 사람 때문에 중도에 모임이 해체되었다. 그는 상대방 말에 귀를 기울이지 않는다. 다른 사람이 말을 할 때는 혼자 밥 먹고 딴 짓을 했다. 이야기를 할 때는 관심도 없다가 말을 끝내고 나면 아까 했던 말이 뭐냐고 되물었다. 끝난 이야기를 다시 시작해야 할 때마다 회원들의 얼굴에는 불만이 가득했다. 한두 번도 아니고 모임 때마다 그런 일이 반복되다 보니 결국 관계가 지속되지는 못했다.

말은 하는 사람이 있으면 듣는 사람이 있다. 상대가 말을 할 때는 듣지도 않고 딴 짓을 한다는 것은 말하는 사람을 무시하는 행동이다. 재미없는 이야기도 들어주고 맞장구를 쳐줘야 말하는 사람도 신이 난다.

말에도 급수가 있다. 급수 있는 말을 하는 사람은 자신을 격 있는 사람으로 만든다. 일방적으로 혼자 말을 하는 사람이 있다. 다른 사람이 말을 하는 중간에도 끼어들어 자기 말만 한다. 말을 많이 한다고 자신을 나타낼 수 있는 것이 아니다. 적당하게 말도 하면서 들어주는 사람이 급 있는 말을 하는 사람이다. 말을 독식하는 사람은 말의 급수로 따진다면 최하위이다.

모 기업에서 신입사원 면접을 실시했다. 열 명을 사무실에 들여보내고 주제와 상관없이 토론하는 면접이었다. 면접관들은 밖에서 이 과정을 지켜보고 있었다. 맨 먼저 말을 시작한 친구는 학벌도 스펙도 최고로 뛰어났다. 그 친구는 계속 자기 말만 했고 다른 사람이 끼어들 틈을 주지 않았다. 다른 한 명은 겨우 끼어들어 한마디 하다가 밀려났다. 세 번째 사람은 타이밍만 노리다가 한마디도 못했다. 이런 과정을 쭉 지켜보던 네 번째 사람이 대화를 중지시켰다. 그리고 한 사람씩 돌아가면서 말을 하게 했다. 말을 못하는 사람에게는 질문도 해 주면서 말을 이끌어 냈다. 면접관들은 만장일치로 대화를 주도한 네 번째 사람을 합격시켰다.

말이란 혼자 잘한다고 되는 것이 아니다. 서로 돌아가면서 말도 하고 듣기도 해야 한다. 자기주장만 옳다고 내세우는 사람도 급이 낮은 사람이다. 급 있는 말은 상대방의 말에 귀 기울여 주고 공감해 주는 것이다.

교수 한 분이 수업에 참석했다. 그분은 집사람과 말만 하면 싸운다고 했다. 안 싸우고 살 수 있는 방법이 뭐냐고 물었다. 살면서 부부싸움을 안 하고 사는 사람은 없다. 그러나 어떻게 싸우느냐가 문제다. 사소한 말로 시작된 부부싸움인데 나중에는 죽기 살기로 싸운다.

원인은 말투에서 비롯된다. 가깝다는 이유로 말을 함부로 하다 보면 싸움이 시작된다. 가까울수록 말에 예의를 지키면 말로 인한 상처는 덜 받는다. 스피치를 배우는 사람들은 말하는 것도 중요하지만 사람들 간의 예의부터 지키는 법을 알아야 한다. 논리적인 말보다 중요한 것이 상대를 배려할 줄 아는 말이다.

스피치 상담을 하고 싶다고 전화가 왔다. 목소리를 듣는 순간 보지 않았는데도 정이 가는 사람이었다. 아니나 다를까 첫 시간부터 그는 말을 참 잘했다. 자신을 낮추면서 상대방을 배려하는 말을 했다. 자신의 의견을 확실하게 전달하고 남의 이야기도 잘 들었다. 스피치를 왜 배우러 왔는지 모를 만큼 급 있는 말을 하는 사람이었다. 그 사람의 말에는 향기가 묻어났다. 많은 사람들이 급 있는 말을 하는 세상이 되었으면 좋겠다.

말을 잘하는 사람은 좋은 말씨를 뿌리고 말씀을 전하는 사람이다. 스피치의 중요성을 아는 사람일수록 겸손하고 상대를 배려할 줄 안다. 사람들은 말 때문에 힘들어하고 말 못해서 손해를 본다고 한다. 절대로 그렇게 생각할 필요는 없다. 말은 가슴이 시키는 대로 하면 상대방 마음에 가서 닿는다. 가식이 아닌 진정성 있는 말, 스쳐가는 말이 아닌 상대를 걱정하는 말이 공감을 부르는 말이다. 말을 조금 못하면 어떻고 부족하면 어떤가. 우리는 유명한 강사도 아니고 아나운서도 아니다. 당연히 논리적으로 말하기는 어렵다. 그러나 말이란 진실을 다해서 하면 상대를 감동시킬 수 있다. 그런 사람이 최고로 급 있는 말을 하는 사람이다.

8. 소통 부재

저자가 아는 선배는 자기밖에 모른다. 자기 말이 법이고 진리다. 어떤 주제를 가지고 토의를 해도 원하는 대로 답이 안 나오면 화를 낸다. 토의를 왜 하는지 알 수가 없다. 후배들은 선배가 모이라고 하면 안 갈 궁리만 했다. 답은 이미 나와 있다는 것을 알기 때문에 가는 게 싫다. 누군가가 총대를 메고 바른말을 하면 "너는 무슨 말을 그렇게 하냐?"라고 역정을 낸다. 옳고 그름을 따지는 것이 아니다. 주제를 놓고 좋은 방법을 찾아내는 일인데 결론은 선배가 정해 놓은 대로 끝난다. 반론을 제기하고 싶은 사람들도 더 이상 말을 할 수가 없다.

자신밖에 모르는 사람들은 대부분 말 못할 상처가 있다. 선배도 아버지를 일찍 여의고 홀어머니 손에 자랐다. 가난한 집에서 대학 공부, 일본 유학을 마쳤고 대학 교수가 되기까지 혼자 힘으로 살아왔다. 세상에는 아무도 자기편이 없었다. 사실 자기편이 없는 것이 아니라, 스스로 남들을 믿을 수 없었던 것이다. 남들과 생각을 공유한다는 자체를 좋아하지 않았다. 자기 생각에 갇혀 살아온 세월이 너무 길었다. 당연히 남들과 대화를 할 수가 없었다. 인간관계에서 남을 믿을 수 없는 것처럼 불행한 일도 없다.

스피치는 자기주장만 내세워서는 안 된다. 서로 생각을 존중해 주는 대화를 해야 한다. 스피치를 배우는 목적은 말을 잘하는 것이지만 기본은 소통이다. 소통이 어려운 대화는 서로에게 상처만 줄 뿐이다.

결혼 전부터 친하게 지낸 친구가 있었다. 심성도 착하고 바른 사람이라 다들 좋은 사람이라고 생각했다. 그러나 친구와 대화를 길게 하다 보면 화가 난다. 그는 이야기를 하다 보면 누가 잘하고 못하고를 떠나서 일방적으로 화를 내고 짜증을 낸다.

처음 한두 번은 이해했지만 그런 상황이 반복되자 대화가 어려웠다. 알고 보니 친구도 자기 말에 대한 강한 집착이 있었다. 그는 촌에서 어렵게 자라 혼자의 몸으로 도시로 나와 생활했다. 낮에는 직장을 다니고 야간에는 공부를 했었다. 일찍 아버지를 여의고 병든 어머니와 장애를 가진 두 동생을 책임져야 했다. 혼자 사는 환경에서 오는 열등감과 힘든 세상을 감당하고 살기에는 마음의 여유가 없었다. 조금만 마음을 놓으면 세상이 자기를 삼켜버릴 것 같아서 안으로 숨어들었다. 그렇게 밖에 살 수 없었던 사연을 나중에야 털어 놓았다.

마음을 깊게 들여다보지 못하고 선불리 판단하다 보면 실수를 할 때가 있다. 무조건 말로만 상대를 판단해서 생기는 실수를 막으려면 상대를 제대로 파악해야 한다. 말 한마디로 사람을 평가하는 것은 선부른 행동이다.

자기주장만 옳다는 선배나 친구는 환경이 만든 경우였다. 그런 사람들을 나쁘다고만 할 수 없다. 살아온 환경이 그를 고집불통으로 만들었다면 더 나은 환경을 만들어줘서 닫힌 마음을 열어주면 된다. 그러면 충분히 소통할 기회가 생길 것이다.

스피치는 말만 잘해서 되는 것이 아니다. 상대를 파악하고, 마음을 읽고, 경청하고, 상대방이 듣고 싶은 말을 해 줄 때 소통은 시작된다. 스피치를 하다 보면 시키지 않아도 자신을 드러내야 할 때가 있다. 스피치는 자신을 다 드러낼 수 있을 때 편안하게 할 수 있다. 말은 꾸며서는 못 한다. 있는 그대로의 자신을 나타내는 것이 진정한 소통이다. 선배나 친구도 자신의 속마음을 털어내고 남들과 소통하고 싶었을 것이다. 자기주장이 강한 사람이라고 나쁜 사람이 아니다. 누구나 성격이 다르고 환경이 다르다. 그러면서도 이해하고 배려하는 대화를 할 수 있는 것이 중요하다. 좋은 사람과 나쁜 사람을 가르는 기준은 보는 관점에 따라 달라진다. 현명한 사람은 보이는 것만 중요하게 생각하지 않는다. 보이지 않는 것을 볼 수 있을 때 아름다운 소통이 된다.

9. 실수와 변명

살다 보면 본의 아닌 말실수로 오해가 생기고 싸우는 일들이 생긴다. 아무 생각 없이 말을 내뱉고 나면 '아차' 하는 순간 돌이킬 수 없는 상황이 되고 만다. 말이란 내 입에서 나가는 동시에 내 말이 되는 것이다.

한 달 전에 있었던 일이다. 지인들과 아이들 이야기를 했다. A는 자기 아들이 전달력이 부족하고 두서없이 말을 해서 답답하다고 속말을 털어 놓았다. 모두들 남자아이들이 대체로 좀 그런 경향이 있다고 말했다. 그런데 옆에 있던 B가 "네 아들은 좀 덜 떨어지긴 하지"라고 말을 해버렸다. A의 아들이 내성적이고 소심하다 보니 다른 아이들보다는 표현력이 부족하다.

B는 속이 상해서 "네 아들은 잘났다"라고 소리를 질렀다. 말실수를 한 친구는 어떻게 해야 할지 몰라 당황했다. 사실은 그런 뜻이 아니라는 변명을 해봤지만 돌이킬 수 없는 일이었다. 그 상황에는 변명하기보다는 실수를 인정하고 용서를 구해야 한다. 그런데 말실수를 한 B는 사실을 말했는데 뭐가 나쁘냐고 했고, 갈수록 그들의 말은 서로의 가슴에 생채기를 만들었다.

말을 하다 보면 실수를 할 때가 있다. 하지만 무슨 일이든 원인보다 결과가 중요하다. 대부분 실수를 하고 나면 미안하다고 말을 한다. 상처를 받은 사람은 한마디에 금방 마음이 풀리지 않는다. 실수한 사람은 변명할 구실을 찾기보다는 진심으로 잘못했다는 사과의 말을 찾아서 해 주는 것이 상대의 마음을 빨리 풀리게 하는 방법이다.

아주 어릴 적 일이다. 오빠와 나이 차이가 띠 동갑이다. 저자는 막내라는 특권으로 반말을 해도 귀엽다고 봐줬다. 오빠가 결혼을 하고 새언니가 들어왔다. 한 집에서 살다 보니까 편하고 만만해서 새언니에게도 자연스럽게 반말을 했다. 그런데 어느 날 오빠가 술을 마시고 들어와서는 오빠에게 반말을 한다고 저자를 때렸다. 다음날 아버지가 나를 불렀다. 오빠가 장가를 갔으면 어른이니까 존댓말을 해야 한다고 했다. 오빠에게 잘못을 인정하고 용서를 구했다. 잘못을 인정하고 용서를 구하면 화해할 기회가 생긴다.

사람들은 잘못을 알면서도 인정하기를 싫어한다. 실수를 인정하면 권위가 떨어진다고 잘못을 인정 안 하는 사람도 있다. 권위보다 중요한 것이 있다는 사실을 모르는 사람이다. 실수를 인정하는 상사를 부하직원은 더 존경하고 좋아한다. 선생님들이나 부모님들도 마찬가지다. 자신의 실수를 변명하지 말고 인정하는 사람이 어른답고 존경받는다. 금방 끝날 일을 자존심 때문에 버티면 감정의 골만 깊어진다는 사실을 명심하자.

사람들은 실수를 하면서 성장한다. 중요한 것은 잘못을 인정하고 용서를 구하는 방법이다. 해수욕장에 가서 모래 위를 걷고 나면 내 발자국이 또렷이 찍혀있다. 어떤 곳은 움푹 들어가고 어떤 곳은 살짝 삐뚤어지고 각양각색의 모양이다. 내가 걸어온 발자국도 제각각으로 실수를 한다. 발자국의 흔적을 지우려고 발로 아무리 문질러 봐도 자국은 여전히 남아있다.

말도 마찬가지다. 내가 한 실수를 아무리 지우려고 해도 지울 수 없다. 그럴 때는 변명하지 말고 진정으로 잘못을 인정하는 모습이 중요하다. 변명하는 사람보다 실수를 인정하는 사람이 당당하게 보인다. 실수를 인정하면 두 번 다시 실수를 안 하게 된다. 어물쩍 변명으로 넘어가는 말은 나중에 다시 부메랑이 되어 날아온다. 잘못을 인정하는 말은 관계를 끈끈하게 만들어준다.

때로는 선의의 거짓말이라는 말을 하기도 한다. 하지만 꼭 해야 할 변명은 없는 것 같다. 변명이 한 번 되고 두 번 되면 습관이 된다. 과제를 주면 두말도 안 하고 잘 해오는 사람이 있는가 하면 변명하는 사람이 있다. 시간이 없다. 힘이 든다. 피곤하다. 변명도 하는 사람이 하고, 자신감이 없는 사람이 많이 한다. 자신의 존재감을 나타내고 싶으면 스스로를 인정하는 사람이 되어야 한다. 자신의 실수에는 관대하면서 남에 실수에는 관용을 베풀지 못하는 사람이 있다. 관대함은 자기 기준으로 판단하면 안 된다. 상대가 인정해 주고 이해하는 차원에서 관대함이 나오는 법이다.

둑에 생긴 조그마한 개미구멍 하나가 둑을 허물어버린다. 사소한 말실수가 감정의 골을 깊게 팔 수도 있고 작은 돌멩이 하나가 그 구멍을 막을 수도 있다. 여러분은 어떤 사람으로 살고 싶은가? 남의 실수를 받아주는 사람이야말로 상대를 배려할 줄 아는 사람이다. 자기변명을 잘하는 사람은 남의 변명을 용서 못 한다.

말에 격이 있는 사람은 남을 탓하기보다 자신을 탓한다. 마음이 이 정도 되려면 마음 공부를 어느 정도 몸에 익힌 사람이다. 남을 용서하는 것도 연습이 필요하고 허물을 보듬어 안아주는 것도 연습이 필요하다. 남들이 하는 것을 똑같이 따라 하는 것은 의미가 없다. 남들

이 이해 못 하는 일, 남들의 실수를 끌어안고 가는 사람이 용서할 줄
아는 용기 있는 사람이다.

10. 말은 무기

인터넷 연합뉴스 기사에 실린 내용이다. 심야에 홀로 택시에 탄 여중생을 훈계한다며 "내가 아가씨를 납치하면 무서울 것 같으냐"라는 말로 두 차례나 협박한 택시 기사가 붙잡혔다. "무심코 던진 돌멩이에 개구리는 맞아 죽는다"라는 말도 있다. 여중생은 집까지 가는 20분 동안 지옥을 오갔을 것이다. 택시 기사는 훈계 목적으로 그런 말을 했다고 진술했다.

하지만 밤늦은 시간에 혼자 택시를 탄 여학생에게 훈계의 말로는 해선 안 되는 말이었다. 좋은 말도 상대방이 공포를 느낀다면 무서운 언어폭력이다. 우리가 말을 할 때는 때와 장소, 상대방이 말을 받아들일 준비가 되어 있는지가 중요하다. 좋은 말도 많은데 '납치'라는 단어를 쓴 택시기사의 말이 용납이 안 된다. 어린 학생이 느꼈을 무서움과 공포를 생각하니 신문을 보는 내내 화가 났다.

하루에도 수천 번의 말을 하고 산다. 그중에는 사랑스러운 말, 좋은 말, 힘이 되는 말이 있는가 하면 실수하는 말, 상대가 들으면 기분 나쁜 말도 있다. 중요한 것은 말하는 사람의 표현 방법이다. 잘못된 표현 방법이 상대에게는 공포가 되고 두려움이 된다. 말한 사람은 자기가 한 표현이 옳은지 그른지도 모르고 지나간다.

말을 했으면 책임을 져야 한다. 칼도 사람을 죽이는 무기가 될 수 있지만 말도 사람을 죽이는 무기가 된다. 무심코 던지는 말 한마디가 사람을 죽이는 일이 얼마나 많은가?

남이 들었을 때는 좋은 말이라도 내가 들었을 때는 나쁜 말이 될 수도 있다. 말이란 하는 사람보다 듣는 사람 위주로 해야 한다. 좋은 뜻으로 말을 했어도 상대방에게는 돌이킬 수 없는 말이 되기도 한다. 어른들에게 말조심하라는 이야기를 수도 없이 듣고 자랐다. 말이 오해를 불러오고 나아가서는 죽음도 불러오기 때문이다.

말은 마음에 따라 움직이고 사랑에 따라 달라진다. 사랑하는 사람에게 말을 할 때는 예쁜 말만 한다. 미운 사람에게는 기분 나쁜 투의 말을 한다. 모든 사람에게 고운 말을 한다면 말은 무기가 아니라 사랑이 넘치는 말이 된다.

사랑하는 연인들을 보면 어떤가? 세상에 있는 예쁜 말만 골라서 하고 좋은 행동만 보여준다. 사랑에 빠졌을 때는 상대가 욕을 해도 사랑스럽게 들리고 거친 말을 해도 멋있어 보인다. 어떤 말도 감미로운 음악처럼 들린다. 그러나 사랑에도 유효기간이 있는지라 때가 지나면 식어버린다. 그럴 때의 연인들의 모습을 보면 얼굴에는 웃음이 사라지고 인상만 쓰고 다닌다. 상대방이 좋은 말을 해도 짜증스럽게 들리고 사사건건 시비가 붙는다.

우리가 하는 말도 그렇다. 사랑하는 사람과 사랑하지 않는 사람의 대화는 천지차이다. 사랑하지 않는 사람의 말은 말끝마다 신경이 거슬리고 작은 실수도 용납이 안 된다. 사람들의 심리가 그렇다. 누가 하는 말이냐에 따라서 말의 느낌도 다르다.

말을 잘하는 사람이 되고 싶으면 공부를 해야 한다. 공부라고 하면 거창하게 생각하는데 말 공부는 곧 마음 공부다. 마음 공부를 하면 상대방과 말을 할 때 나를 낮추고 존중하는 마음이 생긴다. 그런 말이 최고의 스피커가 할 수 있는 말이다.

마음 공부는 나를 내려 놓는 연습이다. 나를 사랑하는 마음을 가져라. 나를 사랑하지 않으면 남도 사랑하기 어렵다. 날마다 남의 입장이 되어서 말을 하는 연습과 경청하는 습관을 가져라. 아름다운 시집을 옆에 두고 날마다 한 장씩 큰소리로 읽는 습관을 들여라.

마음을 비워야 말이 보인다. 나를 내려 놓는 연습이 끝나면 말이 귀로 들리지 않고 마음으로 보인다.

저자는 경청하는 것을 좋아한다. 식당이나, 카페, 사람들이 모이는 곳 어디에서든 대화에 귀를 기울인다. 카페에서 한창 수다를 떨고 있는데 옆 좌석에 앉은 두 중년 남자들의 대화가 귀에 들렸다. A가 "맞나? 안 맞나?"라고 말을 하자 B가 "맞다"라고 대답을 했다. 참 명쾌하게 말을 한다고 생각했다. 그런데 그다음에 A가 "그거 했어! 안 했어!", "그거 맞아? 틀려?"라는 질문을 하자 B가 "내가 부하직원도 아니고 심문을 받는 죄인 취급하는 것 같다"며 화를 냈다.

상대는 명쾌한 듯 질문을 했을지 모르지만 그 말이 논쟁이 되고 싸움으로 번지는 걸 보면 문제의 소지가 있다. 경상도라서 그런지 "맞나?"라는 말이 습관처럼 나오는 사람들이 있다. "그게 맞나? 아니냐?"라는 식이 아닌 "그건 어떻게 되어가니? 어떻게 하는 거야?"라고 상냥하고 부드럽게 대화를 했다면 싸움의 소지가 없었을 것이다.

사람들은 무언가에 쫓기는 말을 많이 쓴다. 이런 말들이 싸움이 되고 상처가 된다. 사람의 생각은 먼지와 같다. 생각하고 느꼈던 것을 어떻게 표현하는가에 따라서 상대에게 전달되는 파급효과는 엄청나다. 말을 전할 때 마음이 보인다는 것을 모르는 사람은 없다.

20년 전에 아이들과 또래 엄마들끼리 놀이공원에 간 적이 있다. 파란 잔디밭을 처음 구경하는 아이들은 잔디밭에 들어가려고 난리였다. 잔디밭 팻말에는 "잔디밭에 들어가지 마시오"라고 쓰여 있다. 아이들에게 설명을 했는데도 어느새 몇 명이 잔디밭을 뛰어다녔다.

공원을 관리하는 아저씨가 달려오면서 소리를 질렀다. "들어가지 말라는 표시를 못 봤느냐? 아이들 교육을 어떻게 시키느냐?"라고 고함을 질렀다. 사람들의 눈이 일제히 우리에게 쏠렸다. 죄송하다고 연신 사과를 했는데도 아저씨는 계속 야단을 쳤다. 잘못을 인정했는데도 계속 꾸중하는 아저씨의 말투에 화가 났다. 아이들한테 소리를 지르기 보다는 좋은 말로 잔디밭에 들어가면 안 되는 이유를 설명했으면 꾸중을 들어도 기분은 상하지 않았을 것이다. 잘못을 꾸짖을 때도 화나게 하기보다는 잘못을 깨달을 수 있도록 말을 하는 사람이 말을 잘하는 사람이다.

칼에 찔린 상처는 시간이 지나면 아물지만 말로 입은 상처는 아물지 않는다. 저자도 20년도 더 된 말을 기억하고 있으니 말처럼 무서운 것이 없다.

저자가 가르친 A는 초등학교 때 반 아이들에게 말로 괴롭힘을 당했다. 성격도 내성적이고 말조차 더듬거렸다고 했다. 아이들은 A가 말도 못하는 바보라고 놀렸다. 학교에 가는 것이 지옥이고 죽고 싶었다고 했다. 부모님에게 말을 하면 더 괴롭힐까 봐 말도 못했다. 더 이상 도망갈 곳이 없자 학교에 간다고 하고는 결석을 했다. 부모님과 선생님의 도움으로 괴롭힘은 끝났지만 말수는 줄어들고 사람들과 만나는 것이 두려웠다. 중학교에 진학한 뒤에도 달라진 것은 없었다. 혼자 학교에 가고 밥을 먹고 친구도 없었다.

반에 새로운 친구가 전학을 왔다. 그 아이는 A에게 먼저 말을 걸어 주고 말을 더듬어도 이해해 주고, 기다려줬다. 두 사람은 금방 친해졌고 지금도 절친으로 지내고 있다.

언어폭력에 시달리는 사람은 평생을 고통 속에서 살아간다. 어른들도 감당하기 어려워 자살을 하는데 하물며 자라는 아이들에게 말조심을 해야 하는 건 당연하다. 말은 잘하면 감동을 주지만 잘못 하면 무기가 된다는 사실을 명심해야 한다.

제2장

——

스피치는 힘이다

1. 재치 있는 말

재치와 유머가 있는 사람들을 만나면 기분이 좋아지고 즐겁다.

치열한 경쟁 속에서 그들의 한마디는 웃음을 주고 즐거움을 준다. 하루 종일 함께해도 지겹지 않은 사람 그런 사람에게는 저절로 마음이 열리게 된다.

최근 들어 회사에서도 신입사원을 뽑을 때 유머와 재치를 성적이나 스펙만큼 중요하게 여긴다. 재치 있는 말은 같은 상황에도 기발하고 창의적인 생각으로 위기를 극복하고 대인관계를 원만하게 한다.

누군가의 실수를 지적할 때도 잘못한 부분만 가지고 말을 해야 상대방도 기분 나쁘게 받아들이지 않는다. 가벼운 실수는 유머러스하고 재치 있게 넘어가 주는 것도 말을 잘하는 능력이다.

예전에는 조직 내에서 재미있는 말을 하면 가벼운 사람이라는 취급을 받았다.

하지만 이제는 세상이 달라졌다. 조직사회에서 살아남으려면 상사든 부하직원이든 유머와 재치가 있어야 한다. 요즘은 재치 있고 유머러스한 사람이 사회생활도 잘한다. 논리적인 말도 배우고 싶어 하지만 재미있고 재치 있는 말을 배우고 싶어 한다.

말을 잘하는 것도 좋고 유머 있는 말을 하는 것도 좋지만 나만의 말과 표현법을 찾아야 한다. 다른 사람이 해서 웃는 이야기도 내가 하면 썰렁해지는 분위기를 연출하면 차라리 안 하는 게 낫다. 남들과 차별화된 말이 상대방에게 강력한 이미지를 남긴다. 말을 재미있게 하려고 열정만 앞서다 보면 어느 순간 과장이 심해진다.

"어제 길을 가다가 나쁜 놈들이 여자를 괴롭히고 있는데 내가 구해 주었어. 상대는 10명인데 나 혼자서 돌려차기로 두 명을 날리고 나머지는 엎어치기를 해서 여자를 구해 주었지"라고 말한다면 그 말을 믿는 사람은 아무도 없다. 웃기려고 한 말이라는 것을 알지만 지나친 허풍과 허세는 사람들에게 진지함을 주지 못한다. 화려한 말도 진실한 말보다 못하고 언변이 뛰어난 말도 솔직한 말보다 못하다.

의도적으로 사람들을 웃기려고 하면 오히려 분위기만 어색하게 만들 수 있다. 사람들은 웃음을 주는 말만 유머라고 착각을 한다. 웃어야 즐겁고 재미있는 것은 아니다. 재치 있는 말이 유머라고 오해를 하다 보면 자기가 한 말은 재미가 없다고 생각하게 된다. 재치 있는 말은 쉽고 편안한 말이다. 쉬운 말을 힘들게 설명하는 사람이 있다. 말을 어렵게 한다고 말을 잘하는 것이 아니다. 어려운 말도 쉽게 하는 사람이 말을 잘하는 사람이다. 말이란 최대한 쉽게 설명해야 듣는 사람도 오래 기억한다. 누구나 이해하기 쉬운 내용으로 말하는 사람이 재치 있는 말을 하는 사람이다. 사소한 이야기라도 예를 들어가면서 설명한다면 상대방이 쉽고 즐겁게 받아들일 것이다.

이런 습관이 하루아침에 생기지는 않는다. 꾸준히 책도 읽고 표현하고 감정 조절 하는 공부를 해야 한다. 말은 꾸미려고 하면 어렵고 재미가 없다. 오히려 솔직한 말에 실수가 생겨도 웃으면서 넘어가기도 한다. 꾸며진 내용으로 잠깐은 즐거움을 줄 수도 있다. 그러나 진한 여운의 감동은 없다. 내가 하는 말에는 내 생각이 그대로 담겨져 있

다. 어떤 생각을 하느냐에 따라 유머 있는 말, 재치 있는 말이 되기도 한다. 대뇌학자들은

"98%가 말의 영향을 받는다"

라고 이야기한다. 한마디로 말이 씨가 된다는 말이다. 좋은 생각을 하고 좋은 말을 하겠다고 말을 하면 우리의 뇌는 그렇게 생각한다. 행복하다고 매일같이 일 년만 외치고 다녀 보면 일 년 후에는 행복해져 있다. 안 된다는 말은 하지 말고 남들이

'설마 되겠어?'

라고 의문을 가져도 본인은 잘 할 수 있다는 생각을 하면 된다. 같은 업종을 하고 있는 사장에게

"요즘 장사 어때요?"

라고 물으면 한쪽은

"네 점점 잘될 겁니다"

라고 말하고 다른 한쪽은

"장사가 안 돼서 죽겠다"

라고 한다. 이 몇 마디로 두 사람의 삶을 볼 수 있다.

잘못될 가능성이 있는 것은 분명히 잘못된다. 반대로 잘될 가능성이 있는 것은 항상 잘된다. 긍정적인 사람과 부정적인 사람을 두고 하는 말이다. 사소한 것에도 좋은 의미를 부여하는 사람은 나쁜 의미를 부여하는 사람보다 훨씬 행복하다.

좋은 생각은 좋은 말을 만들고 좋은 행동으로 이어진다. 좋은 말을 하는 사람은 자존감도 높고 자신감도 넘친다. 자존감이 높은 사람은 세상을 긍정적으로 바라보고 얼굴 표정도 밝다. 상대방을 대할 때도 부드럽고 따뜻한 말로 대한다.

살면서 누구나 실패와 성공을 겪게 마련이다. 실패를 해서 나쁜 생각이 들 때는 또다시 실패를 되풀이하지 않겠다는 좋은 생각이 필요하다. '난 안 돼'가 아니라 '나는 할 수 있다'고 생각만 해도 잘할 수 있다. 인디언의 금언 중에

"당신이 생각하는 것을 일만 번 이상 반복하면 당신은 그런 사람이 되어간다"

라는 말이 있다. 다른 사람에게 좋은 평을 듣고 싶다면 스스로 좋은 말을 하도록 노력해야 한다.

이렇게 말을 해도 실천으로 옮기는 사람이 많지 않다. 말도 연습을 해야 잘하고 재미있는 말도 연습을 해야 남을 웃길 수 있다.

말을 잘하고 재미있는 사람이 되고 싶으면 자신감을 가지고 반복적으로 연습하는 것만이 최선이다. 말은 생각에서 나오고, 생각이 말을 만들며, 말이 행동을 만들고, 행동이 인생을 만든다. 좋은 말과 재치 있는 말을 하는 사람이 성공하고 유머가 있는 사람이 성공하는 이유이다.

2. 품격 있는 말

 대화를 하다 보면 사람의 됨됨이를 알 수 있다. 말을 품위 있게 하는 사람이 있는가 하면 말끝마다 거친 말을 하는 사람이 있다. 특히 사람들이 많이 모이는 공공장소에서 거칠게 말을 하는 사람은 인격이 낮은 사람이다.

 지인과 식당에 밥을 먹으러 갔다. 안에는 사람들로 빈틈없이 복잡했다. 다행히 식사를 마치고 나가는 사람들이 있어 자리를 잡았다. 직원들은 바쁘게 뛰어다니면서 주문도 받고 안내를 했다. 주문을 하고 이야기를 나누려는 순간 옆 테이블에서 싸우는 소리가 들렸다. 20대 중반의 남자는 여자 친구에게 거침없이 폭언을 쏟아냈다.

 주위에 있는 사람들의 시선이 그쪽으로 향했지만 아랑곳하지 않았다. 여자는 부끄러워서 얼굴을 들지도 못한 채 자리를 박차고 나가 버렸다. 사연은 모르겠지만 사람들 앞에서 여자 친구에게 심한 욕설을 하는 모습이 눈살을 찌푸리게 했다. 저자도 지인도 다 큰 자식들이 있다 보니 한숨 소리가 절로 나왔다.

 말도 어릴 때부터 습관을 잡아 줘야 한다. 혹시라도 아이들이 나쁜 말이나 욕을 하면 지적을 해서 고쳐야 한다. 딸아이가 고등학교 다닐 때였다. 저자와 문자를 하는 도중 그들만의 은어로 문자를 보냈다. 알 수 없는 단어가 눈에 거슬렸다. 딸아이를 불러 놓고 얼굴을 보지 않고 말을 할 때는 제대로 된 말을 써야 한다고 했더니 요즘은 다들 이렇게 쓴다고 했다. 딸의 마음을 이해 못 하는 것은 아니지만 그냥 뒀다가는 습관이 될 것 같아서 바르게 문자를 쓰도록 이해시켰다. 우리 속담에 "세 살 버릇 여든까지 간다"는 말이 있다. 아무렇지 않게 생각하고 내버려둔 것이 나중에는 고칠 수 없는 상황이 된다.

나쁜 말은 전염성이 강해서 금방 옮긴다. 어린아이들일수록 판단력이 부족하므로 안 되는 이유를 설명하고 고치도록 해줘야 한다. 아이들 생각에는 말을 거칠게 하고 욕을 하면 다른 아이들보다 강하게 보일 수 있다는 착각을 한다. 처음에는 재미로 시작한 말이 습관이 되어 나중에는 고치기가 어렵다. 옳고 그름을 말해 주는 것이 자라는 아이들에게는 좋은 교육이다. 욕을 한 청년도 처음부터 말을 함부로 하지는 않았을 것이다. 말을 배울 때 누군가가 나쁜 말이라고 지적을 해 줬더라면 달라지지 않았을까 라는 생각을 해본다.

어떤 상황에도 좋은 말로 상대를 이해시킬 수 있어야 말을 잘하는 사람이다. 막말이나 욕도 하루아침에 배워지는 것이 아니다. 폭력만 위험한 것이 아니라 언어폭력도 심각하다. 폭력은 시간이 지나면 상처가 아문다. 하지만 언어폭력은 시간이 지나도 상처와 흔적이 남는다.

저자가 아는 C는 사람 좋기로 소문났다. 친절하고 어려운 사람들에게 도움도 주고 법 없이도 살 수 있는 사람이다. 그런 사람이 집에만 들어가면 막말과 욕설로 가족들을 힘들게 한다. 아내는 물론 다 큰 자식에게도 욕을 한다. 가족들은 C가 집에 오는 시간이 되면 각자 방으로 들어가서 안 나온다. C는 아내와 아이들이 자기를 따돌린다고 화를 냈다. 그 이유에 대해서는 알려고 하지도 않는 것이 문제다. 하소연을 하는 그에게 한 마디 조언을 해 줬다. 당신의 언어습관이 가족들과 멀어지는 이유라고 했다. C는 반성은커녕 오히려 아내나 아이들이 아쉬운 것이 없어서 그런 말을 한다고 했다. 돈 벌기가 얼마나 힘든데 공부시키고 입히고 먹이고 해놨더니 헛소리를 한다고 난리다.

더 이상 대화를 하는 게 어려웠다. 대화는 일방적인 것이 아니고 쌍방 간의 소통이다. 자신이 폭력을 휘두르는 것도 아니고 욕하고 거친 말 하는 것이 뭐 그리 나쁘냐고 말한다. 손으로 때리는 것만 폭력인 줄 알고 있는 사람한테 어떤 설득이 통할까?

가족에게 돈 벌어다 주고 공부시켜준다고 행복하게 해 주는 것은 아니다. 가족이란 동등한 입장에서 서로 존중해야 한다. 아버지라는 이유로 욕을 해도 된다고 생각하는 사고방식이 잘못됐다. 가족의 행복을 지켜 줘야 하는 아버지라면 가족에 대한 기본예의를 지켜야 한다. 남에게 아무리 잘하고 사회적으로 지위가 높아도 가족에게 함부로 하는 사람은 인격이 덜 된 사람이다. 가족이기 때문에 더 존중하고 예의를 지켜야 한다. 남에게도 못할 말이면 가족에게도 하면 안 된다는 사실을 명심해야 한다.

더구나 부부 사이의 말투는 더 조심해야 한다. 허구한 날 잔소리하는 아내가 있다. 남편에게 "옆집 누구 아빠는 연봉이 얼만데 너는 매일 술 만 마시냐. 그럴 돈 있으면 생활비를 더 내어 놓아라"라고 잔소리를 한다. 싸울 때는 반말은 기본이고 욕도 서슴없이 한다. 어떤 남편이 그런 아내를 좋아할까? 아무리 미인이라도 정나미가 떨어져서 집에 들어오고 싶은 마음이 없어질 것이다.

이런 남편도 있다. 아내에게 "너는 집구석에서 뭐하냐? 먹고 잠만 자니까 살만 찐다"고 잔소리한다. 이런 남편을 좋아할 아내도 없다. 그러니 만나면 싸우는 것은 당연하다.

그럴 때는 한 발짝 물러나서 서로의 얼굴을 보자. 아내 모습이 남편의 모습이고 남편의 모습이 아내의 모습이다. 미울수록 더 미워지는 것이 사람의 마음이다. 누구 탓이 아니라 내 탓이라고 생각하고 고운 말을 해보면 어떨까. 출근하는 남편에게 잘 다녀오라고 어깨도 주물러주고 "힘들면 직장 그만둬도 괜찮다"라고 하면 아내의 말에 남편은 힘을 얻고 감동을 받는다. 남편도 마찬가지다. 새벽부터 일어나서 밥 챙겨주고 적은 돈으로 알뜰하게 살림 살아줘서 고맙다는 말 한마디면 아내들은 아픈 곳이 있어도 금방 낫는다.

말이란 이런 힘이 있다. 아픈 사람을 낫게 하고, 힘든 사람에게 용기를 주고, 행복하게 하는 것이 말의 위력이다. 말이란 그 사람의 인격을 밖으로 표현하는 행위이다. 말은 상대방에게 자신을 보여주는 것이다. 인물도 잘생기고 양복을 말끔하게 차려입은 사람의 입에서 욕설이 튀어나오는 것을 본 적이 있다. 예의와 겸손으로 치장을 하더라도 본 모습을 속일 수 없는 것이다.

사람들은 자신에 대해서 많은 오해를 한다. 예의 바르고 남보다 이해심이 많으며 유머가 넘치고 참을성이 많다고 생각을 한다. 말은 그렇게 하면서 실제로는 그렇지 않은 사람이 있다. 말 속에는 진심도 있고 거짓도 있다. 때로는 막말도 하고 욕설도 한다. 품격이 있는 사람이 되려면 말투부터 고쳐야 한다. 말을 잘하는 것보다 품격 있는 말을 하는 것이 더 중요하다. 품위와 격은 누가 만들어주는 것이 아니라 스스로 만들어야 하는 것이다. 말은 곧 그 사람의 인격이다.

3. 칭찬은 습관

스피치 과정 중에 '칭찬하기'라는 시간이 있다. 하루에 몇 번 칭찬을 하고 칭찬을 받았는지 사람들에게 질문을 했다. 그날 칭찬을 하거나 받은 사람은 10%뿐이었다. 우리나라 사람들처럼 칭찬에 인색한 국민도 없는 것 같다.

칭찬보다 잔소리를 하는 사람이 더 많다. 남편이나, 아내, 자식들에게 칭찬을 하려고 해도 할 말이 없다고 한다. 칭찬할 말이 없다는 말에 놀랐다. 어떻게 칭찬할 말이 없을까? 남편한테는 "가정을 지켜줘서 고맙고 돈 잘 벌어 줘서 감사하다", 아이들한테는 "잘 먹고 잘 자고 잘 놀아서 고맙다", 아내에게는 "날마다 밥해 주고 빨래해줘서 고맙다" 칭찬을 하려고 찾으면 수도 없이 할 일이 많다.

칭찬을 하는 것에도 인색하고 칭찬을 받는 것도 쑥스럽다는 사람들이 있다. 남들과 비교하면 칭찬해 줄 말이 없다. 상대를 있는 그대로 칭찬하는 사람이 칭찬을 잘하는 사람이다. 능력 있고 잘난 사람만 칭찬한다면 칭찬 받을 사람이 몇이나 될까?

저자의 남편은 회사원이다. 회사 생활을 해본 사람들은 알 것이다. 월급에서 세금 떼고 나면 많은 돈을 못 가져온다. 남편에게 월급이 적다고 바가지 긁는다면 도둑질해 오라는 소리밖에 안 된다. 어떤 친구는 남편이 임원이라 연봉도 높다. 어떤 친구는 시댁이 부자라 물려받을 재산도 많다. 다른 남편과 비교를 하자면 끝이 없다. 저자의 남편은 화이트칼라의 직장인도 아니다. 여름에는 푹푹 찌고 겨울에는 추운 현장에서 30년간 3교대 근무를 하고 있다. 그러면서 성실하게 묵묵히 가정을 지켜온 사람이다. 그 어떤 것으로도 비교할 수 없이 칭찬받아 마땅하다.

칭찬도 욕심에서 나오는 것이다. 남편이 잘해야 칭찬하고, 아내가 잘해야 칭찬하는 것도 욕심이다. 수업 시간에 이런 질문이 있었다. "아들이 날마다 게임만 하고 공부도 안 하는데 어떻게 칭찬을 해요?"라고 묻는다. 공부 안 하는 아들은 칭찬받을 자격이 없다는 소리로밖에 안 들린다. 공부를 잘해야 칭찬을 해 주고 공부를 못 하면 다른 것을 잘해도 칭찬할 일이 아니라고 생각하는 사람들이 있다. 진정한 칭찬은 그런 것이 아니다. 부족한 부분은 인정해 주고 조금이라도 잘한 것은 칭찬을 해 주는 것이 용기를 주는 행동이다.

아이에게 칭찬을 하라고 하면 할 게 없다는 사람이 많다. 한창 자라는 아이들에게 칭찬할 말이 없다는 것은 아이의 꿈을 짓밟는 거나 다름없다. 아이에게는 자신만의 꿈이 있고 지금은 없더라도 나중에 생길 수도 있다. 아이에게 칭찬할 것이 없다는 부모는 스스로 칭찬을 받지 못하고 자라서 그럴 수도 있다. 칭찬도 습관이고 칭찬도 받아 본 사람이 잘한다. 칭찬을 하려면 먼저 칭찬거리를 찾아야 한다. 아이가 잘 먹으면 건강하다고 칭찬하고 잘 자고 잘 뛰어놀면 활동성이 좋다고 칭찬하고 친구들이 많으면 사회성이 뛰어나다고 칭찬하면 된다. 생각해 보면 칭찬할 일이 수도 없다.

어른들은 잘하는 것만 칭찬하려고 한다. 그러나 단점도 칭찬을 통해 장점으로 만들 수가 있다. 어른이나 아이나 "잘한다. 잘한다"라고 칭찬을 해 주면 더 잘하려고 열심히 노력한다. 그러다 보면 단점도 장점으로 바뀔 수 있다. 일등만 중요한 세상이 아니다. 중간도 있고 꼴찌도 함께하는 세상이다. 칭찬을 하는 것에 조건을 달면 칭찬도 차별이 된다. 있는 그대로에서 칭찬하는 사람이 지혜로운 사람이다.

사람들은 큰 칭찬도 좋아하지만 사소한 일에 칭찬받는 것을 좋아한다. 작은 일에도 칭찬을 받으면 일의 능률이 올라가고 직장 분위기도 좋아진다. 칭찬은 받는 사람도 좋지만 하는 사람도 기분이 좋다. 칭찬은 가까운 가족부터 해야 한다.

칭찬을 아주 잘하는 지인이 있다. 보는 사람마다 칭찬을 잘도 찾아내서 한다. 옆에 있기만 해도 즐겁다. 친구는 모르는 사람을 봐도 먼저 인사를 한다. 옷을 예쁘게 입은 사람에게는 옷에 대한 이야기를 하고, 밝은 얼굴을 보면 인상이 좋다고 칭찬한다. 말씨가 고운 사람에게는 예쁜 말을 한다고 칭찬한다. 칭찬을 받는 사람도 즐겁고 하는 사람도 즐거운 것이 칭찬의 힘이다.

친구는 어릴 때부터 내성적이고 부끄러움도 많아 남 앞에 나서는 것을 싫어했다. 말만 하면 얼굴이 붉어지고 고개도 못 들었다. 그런 친구가 달라진 것은 아이들 때문이었다. 일과 사람에게 지쳐서 집에 가면 아이들은 엄마한테 고생했다고 어깨도 주물러 주고 최고라는 말을 해 준다고 했다. 그런 아이들에게 친구는 짜증만 내고 잔소리한 기억밖에 없었다. 친구는 자라면서 부모에게 칭찬을 받아본 적이 없다. 그래서 칭찬을 할 줄을 몰랐다는 것이다. 그런데 아이들의 칭찬이 친구를 변하게 한 것이다. 칭찬도 해보지 않으면 하기가 어렵다. 칭찬하는 모습이 어색하기 때문에 그렇다. 하지만 칭찬도 자꾸 하다 보면 습관이 된다.

칭찬도 해본 사람이 잘하고 받아본 사람이 잘한다. 칭찬도 연습하면 얼마든지 잘할 수 있다. 칭찬은 방법보다 마음이고 사랑이다. 사랑하는 마음이 있으면 칭찬은 따라 나온다. 진심을 담아서 있는 그대로만 하면 된다. 마음에도 없는 말은 상대방도 금방 알아차린다. 칭찬거리가 없는 사람은 억지로라도 찾아서 해보자. 안 하는 것보다 낫다. 억지로 하다 보면 진짜로 상대방에게 칭찬할 일이 생긴다. 그렇게 시작해서 칭찬을 잘하는 사람도 있다.

칭찬을 못 한다는 사람에게 숙제를 내어준 적이 있다. 칭찬하는 방법도 모르고 말주변도 없다는 사람이다. 아내에게 칭찬하기도 부끄럽고 가족끼리 칭찬은 무슨 칭찬이냐는 생각을 가진 사람이다. 그에게 매일 한 가지씩 아내에게 칭찬을 하라고 했다. 첫 칭찬을 결혼해줘서 고맙다는 말을 하라고 시켰다. 이런 말 자체를 쑥스러워 하던 사람이었다. 그러던 그가 지금은 닭살 돋는 말로 아내를 표현할 정도로 변했다. 말이란 처음 하기가 어렵지 한 번 하고 나면 나도 모르게 좋은 말들을 찾아서 하게 된다. 칭찬하는 말은 결코 어려운 것이 아니다.

가장 가까운 가족에게 사소한 것부터 칭찬하는 습관을 길러보자. 어색해도 칭찬을 하고 나면 기분도 좋아지고 행복해진다. 칭찬을 하면 부정적인 말도 줄어들고 나쁜 마음도 사라진다. 칭찬의 효과가 얼마나 대단한지 모르는 사람은 없다. 단지 실천하는 사람과 안 하는 사람이 있을 뿐이다. 칭찬은 모든 사람들에게 해당된다. 남녀노소를 불문하고 칭찬하는 말을 하다 보면 세상이 달라 보인다. 나쁜 사람도 없고 미운 사람도 예뻐 보인다. 칭찬은 하면 할수록 늘고 기쁨은 배가 된다. 세상에 많은 말 중에 칭찬하는 말처럼 상대를 즐겁게 하고 행복하게 하는 말은 없다. 칭찬은 사람을 사랑하게 만든다. 칭찬의 말 한 마디가 누군가의 인생을 변화시킨다. 그게 바로 칭찬의 힘이다.

4. 맞춤 대화법

　사람들은 자기와 같은 눈높이로 대화하기를 좋아한다. 직장 생활에서 상사가 부하 직원에게 질문을 할 때가 있다. 정보를 정확히 몰라서 물을 때가 있고 때로는 자신이 듣고 싶어 하는 말을 정해 놓고 질문을 할 때가 있다.

　그럴 경우는 어떻게 하면 좋은 대답을 할 수 있을까? 정보를 몰라서 질문했다면 정확한 정보를 정성껏 대답하면 된다. 상사가 특정한 대답을 듣고 싶어 하는 질문이라면 상사의 마음을 정확하게 읽고 듣고 싶어 하는 의견을 말하면 된다. 똑같은 답을 해도 상대의 마음을 읽고 답하는 것과 전혀 파악도 못 하고 말하는 것은 천지 차이다. 조직사회에서 상사에 관한 정보나 팀원들에 관한 정보는 기본으로 알고 있어야 한다.

　말을 할 때는 상대방 눈높이에서 말을 하면 가장 좋다. 탁월한 말재주는 없어도 진심을 다한다면 통하게 마련이다. 사람의 심리는 자기와 공감대가 같은 사람을 좋아하게 되어 있다. 어른들을 상대로 수업을 하다가 어린이 스피치 수업을 하면 다름을 느낀다. 아이들 눈높이로 말을 하다 보면 저자도 어린이가 되어 있다. 어른들은 말을 머리로 하고 아이들은 마음으로 한다. 아이들은 그때그때 느낀 감정 그대로 표현을 한다. 하지만 어른들은 자신의 감정을 숨기고 말을 할 때가 있다.

어느 날 초등학교 6학년 남자아이가 내성적이고 말수가 적어서 고민이라며 찾아왔다. 얼굴도 잘생기고 착한 녀석이었다. 외모에 비해 성격이 차분하고 조심스러운 아이였다. 발표를 시켜도 언제나 꼴찌로 했다. 마지못해 나오면 목소리가 작아서 마이크를 대고 해도 알아듣기가 힘들었다.

먼저 아이의 마음을 들여다보고 어떤 것에 관심이 있는지 파악했다. 가장 좋아하는 것을 적어보라고 했다. 게임도 아니고 만화에 관심이 많았다. 두 번째 수업에는 주제를 만화로 정하고 발표를 시켰다. 녀석의 눈은 빛났고 자기가 좋아하는 '원피스'라는 만화에 대해 친구들에게 들려주었다. 작은 목소리에는 힘이 들어갔고 해맑고 예쁜 모습으로 웃었다.

그날 이후로 아이는 자신감이 생겼다. 발표도 먼저 나와서 했다. 아이 엄마가 전화가 와서 아들이 많이 달라졌다고 했다.

어른이든 아이든 관심을 가져주는 것만으로도 자신감이 생긴다. 사람들은 누구나 관심 받고 싶어 한다. 관심을 받고 있다고 느끼면 잘하려고 노력을 한다. 대화를 할 때는 상대의 눈높이에 맞추어서 해야 한다.

저자의 지인은 정규 고등학교도 졸업을 못했다. 학력에 대한 열등감으로 사람들과 대화하는 것을 두려워했다. 말끝마다 제대로 못 배워서 말을 못한다고 했다. 지금도 늦지 않았으니까 배우려는 열정만 있으면 충분하다고 말해 줬다.

그에게 두 가지 제안을 했다. 첫 번째는 날마다 책 한 줄 읽기다. 아무리 시간이 없어도 한 줄은 읽을 수 있다. 처음에는 그것조차 힘들어

했다. 책도 읽어본 사람이 읽지, 평생 읽어 보지 못한 사람에게 책 읽기란 쉽지 않은 일이다. 두 번째는 내게 날마다 문자하기다. 길을 걷다가 느낀 점이나 일을 하다가 좋았던 것을 아무거나 문자를 써서 보내라고 했다. 첫날은 "안녕하세요?"로 시작하더니 다음 날은 점심 드셨냐고 묻고 뭐하시냐고 묻는다. 그런 시간이 일 년이 지났다. 요즘은 장문의 문자가 온다.

사람들은 상대방의 눈높이에 맞추어서 대화를 할 줄 알아야 한다. 말은 잘하는데 가슴에 와 닿지 않는 건 왜 그럴까? 자기 위주로만 말하고 상대의 눈높이를 맞추지 않는 말을 하기 때문이다. 경청할 준비도 안 된 사람들 앞에 명 강의를 한다고 해서 통하는 것이 아니다. 말이란 들을 준비가 되어 있을 때 청중의 눈높이로 해야 한다. 유재석이 말을 잘하는 이유가 바로 그것이다. 상대의 말을 들어주고 어떤 사람을 만나도 그 사람 눈높이에 맞추어 대화를 이끌어 가기 때문에 대한민국 최고의 MC가 된 것이다.

내게는 띠 동갑 친구가 있다. 그는 만나는 사람마다 반갑고 즐겁다. 어르신을 만나면 건강부터 여쭤보고 자식들 안부도 챙긴다. 아프다고 투정 섞인 말을 하는 어르신은 아픈 부위를 만져 주면서 밥 많이 드시고 운동 열심히 하면 금방 낫는다고 말해 준다. 자식 자랑이 늘어진 어르신과는 맞장구를 치면서 "아이고 자식 잘 키웠으니 한턱 내셔야겠네, 대단한 아들이네" 하면서 박수까지 친다. 어르신은 신이 나서 온갖 자랑을 다 한다. 자식이 속을 썩이는 어르신에게는 괜찮다고 나중에 잘 거라고 위로를 아끼지 않는다. 시장에 가서 장애우를 만나면 꼭 만 원짜리를 넣어주고 힘내시라고 위로의 말도 함께 해 준다. 다른 사람은 천 원짜리를 넣는데 왜 만 원을 넣느냐고 물으면 점심이라도 사 먹을 수 있는 돈을 줘야 한다고 말했다. 공부에 지친 청소년에게는 공부 잘하는 것도 중요하지만 건강도 챙기라고 말을 해 준다. 아기들을 보고는 그냥 지나치는 법이 없이 "예쁘다", "잘생겼다", "잘 먹고 무럭무럭 자라거라"라고 한다.

도대체 그런 말이 어디서 술술 잘 나오는지. 가식이 아니고 진심임을 알기에 존경한다. 20년을 넘게 만나왔지만 한 번도 화내는 모습을 본 적이 없다. 언제나 웃는 얼굴에 고운 말씨로 남을 배려한다. 누구에게나 자신을 낮추고 상대의 눈높이로 말을 하는 모습이 참으로 아름답다.

대화를 잘하려면 먼저 들어야 한다. 그리고 상대의 가장 아픈 곳이 어딘지 알아야 한다. 듣는다고 다 듣는 것이 아니다. 들으면서 상대를 파악해야 한다. 그런데 사람들은 듣고 나서는 자기 말만 한다. 들은 말에는 공감을 해 주고 이해해 주는 사람이 진심으로 잘 듣고 말을 잘하는 사람이다. 상대와 소통하고 싶다면 마음을 열고 상대의 눈높이에 맞는 듣기와 말하기를 해야 한다. 맞춤 대화법을 잘하는 사람이 진정한 스피커이다.

5. 배려하는 말

아침부터 제주도로 향하는 공항에는 사람들로 북적였다. 9시 55분 출발이던 비행기는 안개로 두 시간 연기됐다. 11시 45분에 출발한다는 안내 방송이 나오자 사람들은 출구로 몰려들었다. 그리고 5분 후 다시 방송이 나왔다. 비행기 운항 안전에 문제가 생겨서 다시 한 시간 연장된다는 내용이었다. 여기저기서 한숨 소리가 들리는 동시에 갑자기 누군가 안내 직원에게 심한 욕설을 했다. 직원들의 설명이 부족하기도 했지만 그렇다고 여직원에게 욕을 하는 것은 보기가 민망했다. 비행 직원들과 안내 직원 간 소통에 문제가 생겨서 상황을 악화시켰다. 금방 출발한다는 방송을 한 직원도 분명 위에서 지시를 받았을 것이다. 말이란 자기의 생각을 전달하는 동시에 상대를 설득시켜야 한다. 아무리 생각해서 하는 말도 듣는 사람에 따라 이해가 다르다.

직원들과 고객들의 실랑이는 비행기가 출발할 때까지 이어졌다. 아쉬운 점이 있다면 비행사 측에서는 분명하고 확실한 이유를 설명했어야 했다. 금방 출발하겠다는 약속을 5분도 안 돼서 번복을 했는데도 책임자는 사과의 말 한마디 없었다. 백여 명의 사람들에게 방송만 듣고 무조건 기다리라는 것은 잘못됐다. 안개라는 자연재해는 어쩔 수 없다고 해도 많은 사람을 태우는 비행안전을 뒤늦게 확인했다는 것은 분명한 관리 소홀이다. 그렇게 안내 직원들에게만 떠맡기고 책임자는 나타나지도 않았다. 고객을 무시하는 처사다.

항공사 측은 앞으로 두고두고 사람들에게 비난 받을 것이다.

"말 한마디에 천 냥 빚을 갚는다"는 말도 있는데 고객을 응대하는 과정이 잘못됐다. 회사는 제대로 된 직원들 교육이 필요해 보인다. 고객의 입장으로는 한 시간 더 연기라는 일방적인 통보에 화내는 것이 당연하다. 급한 미팅이 잡혀 있는 사람도 있고 어쩌면 중요한 계약 건이 약속된 사람도 있을 것이다. 그런데도 아무도 공개적인 사과를 한 책임자가 없다.

그렇다고 직원에게 욕을 하고 반말을 하는 게 옳은 일은 아니다. 그런 행동을 하는 것은 그 사람의 인격에 문제가 있는 것이다. 비행 시간이 늦어진 것은 당연히 비행사 측 잘못이지만 욕을 하고 여직원들에게 함부로 한 사람들도 좋게만 보이지 않는다. 서로 소통이 부족했던 비행사 측의 무언의 폭행은 배려를 전혀 모르는 사람들의 행동이다.

작년 겨울에 가족들과 일본을 다녀왔다. 일본 자동차는 운전대가 오른쪽에 있어 방향 적응이 쉽지 않았다. 우회전을 하는 상황인데 우리나라 도로만 생각하고 거꾸로 들어갔다. 갑자기 맞은편에서 달려오던 차들이 급정거를 하고 놀라서 멈춰 섰다. 당황해서 헤매고 있는 우리 차를 향해 단 한사람도 경적을 울리거나 큰소리로 욕하는 사람이 없었다. 오히려 모든 차들이 걱정해 주고 우리가 차선을 찾아 들어갈 때까지 기다려 줬다.

그런 모습에서 일본의 국민성을 알 수가 있었다. 상대방에 대한 배려가 습관화 되어 있었다. 우리나라 같으면 욕은 기본이고 행패를 당하지 않으면 다행이다. 우리도 배려하는 마음, 기다려주는 마음의 여유가 있었으면 좋겠다. 폭력만이 사람에게 상처를 주는 것은 아니다. 폭언은 폭력보다 더 무섭다.

30년도 넘은 기억이다. 우리 동네에는 욕쟁이 할머니가 살았다. 말만 하면 욕으로 시작해서 욕으로 끝난다. 얼마나 욕을 잘하면 동네에서도 모르는 사람이 없다. 할머니는 아들, 며느리에게도 입에 담지 못할 욕을 했다. 참다못한 며느리는 어린아이들을 두고 도망을 갔다. 본의 아니게 손자들까지 떠맡아 기르면서도 욕하는 습관은 고치치 못했다. 아들은 술만 먹고 들어오면 엄마한테 욕을 했다. 엄마 때문에 아내가 도망갔다고 생각했다. 아들도 엄마한테 욕을 하고 어린 손자들마저 할머니에게 욕을 했다.

말 중에는 복을 부르는 말도 있지만 때로는 할머니처럼 화를 부르는 말도 있다. 우리는 어떤 말을 하고 살아야 할까? 복을 부르는 말과 기분 좋은 말만 하고 사는 것이 좋다. 말로 복을 부르는 방법은 상대를 배려하고 존중해 주는 말이다. 이왕 하는 말 예쁘게 해 주면 듣는 사람도 행복하고 하는 사람도 행복하다. 화가 난다고 함부로 말을 하게 되면 오히려 내게 부메랑이 되어 돌아온다. 내가 좋은 말을 듣고 싶으면 먼저 좋은 말을 하면 되고 내가 행복 하고 싶으면 행복한 말을 하면 된다. 이렇게 간단한 진리를 우리는 외면하고 있다. 화난다는 이유로, 마음에 안 든다는 이유로 얼마나 나쁜 말을 하고 사는지 모른다.

배려하는 말이 가장 상대를 이해해 주는 표현이다. 우리는 이해한다고 말은 하지만 정작 이해하는 말은 하지 않는다.

이해하는 말은 배려하는 것이고 배려하는 말은 이해하는 것이다.

이 두 가지만 잘 지켜서 말을 한다면 스피치에 어려움은 없다. 배려하지 못해서 오해를 만들고 이해하지 못해서 상대를 기분 나쁘게 하는 것은 말을 제대로 할 줄 모르는 사람의 행동이다.

남을 배려하는 말은 나를 배려하는 것이고, 남을 배려하는 말이야말로 나를 높이는 것이다.

6. 말 좀 잘해보자

　모든 인간관계는 말에서 시작된다. 그래서 사람들은 말을 잘하고 싶어 한다. 말을 잘하고 싶어 하는 사람들의 공통점은 논리적으로 말을 하고 싶어 한다. 이론적으로는 아는데 막상 앞에 서서 논리적으로 말을 하는 것이 힘들다. 내 생각을 말로 나타내는 것이 어려운 이유가 무엇일까? 사람들 앞에서 말하는 습관이 안 되어 있어 그렇다. 자주 남들 앞에 서는 연습만이 스피치를 잘할 수 있는 방법이다. 같은 내용을 가지고 말을 해도 어떤 사람은 재미있게 하고 어떤 이는 지루하게 말을 한다. 발표를 하고 나서도 자신이 무슨 말을 했는지 모르겠다는 사람들이 있다. 그만큼 말에 대한 자신감이 없는 것이다.

　수강생 중에 말을 재미있게 하고 사람들을 편안하게 해 주는 분이 있다. 하지만 그분의 단점은 말이 빠르다는 것이다. 첫 발표를 하는데 도대체 무슨 말인지 알아들을 수가 없었다. 우리말을 통역해서 들어야 할 만큼 그분의 말은 너무 빨라서 이해불가였다. 본인 역시도 말이 빠른 것을 교정하러 왔다. 말이 빠른 사람은 먼저 천천히 숨 쉬는 연습을 해야 한다. 그게 바로 복식호흡이다. 복식호흡을 많이 하면 스스로 호흡을 조절할 수 있다. 그리고 문단이 끝나는 마침표에서는 의도적으로 '하나, 둘, 셋' 하고 쉬었다가 다음 단락으로 넘어가는 것이 좋다. 매일 말을 할 때마다 연습을 하면 속도를 조절할 수 있다. 다행히 그분은 처음보다 말의 속도가 느려졌다.

자기의 결함을 알고 꾸준히 연습만 하면 스피치는 얼마든지 잘할 수 있다. 스피치는 기술보다 노력이다. 아무리 스피치를 잘하는 사람도 노력을 안 하면 절대로 늘지 않는 것이 스피치라는 것을 기억해야 한다.

스피치를 어느 정도 할 수 있다고 생각하는 사람은 자기만의 대화 방법을 찾는 것이 좋다. 대화를 잘하는 방법은 입은 닫고 귀를 여는 것이다. 상대의 이야기를 듣다 보면 공통점을 찾아낼 수 있다. 사람들은 자기와 비슷한 생각을 하고 있는 사람에게 호감을 느끼기 때문에 대화가 쉬워진다.

대화를 할 때도 상대가 부담스럽지 않은 말로 시작해야 한다.

사람들은 자기 말을 잘 받아주는 사람과 대화를 하고 싶어 한다. 말 좀 잘했으면 좋겠다고 찾아오는 사람들이 많다. 생각보다 말하는 것에 자신감이 없는 사람이 많이 있다.

제자 중에 얼굴도 예쁘고 말도 차분하게 잘하는 사람이 있었다. 첫 수업시간인데도 아주 발표를 잘했다. 매주 새로운 주제로 발표를 했지만 다른 사람에 비해 훨씬 떨림이 작았다.

그러던 어느 날 그는 수업을 시작하고도 30분 늦게 들어왔다. 애들을 챙기고 오느라 늦어져서 발표 준비를 못 해왔다며 그 대신 주제에 상관없이 감춰온 비밀을 털어 놓겠다고 했다.

사연인 즉, 스피치를 배우러 오는 첫날부터 떨려서 우황청심환을 하나씩 먹고 수업에 들어왔다는 것이었다. 그 순간 모두들 웃으면서도 설마라는 생각을 했다. 저자 역시도 처음 들어본 이야기라 놀랍기도 했지만 그의 행동은 충분히 이해가 갔다. 세상에서 가장 공포스러운 것 중 하나가 대중 앞에 서서 말하는 것이다. 그날은 늦게 오는 바람에 우황청심환 먹는 것을 깜박 잊고 왔다면서 큰 웃음을 준 그는 지금은 떨지 않고 발표를 잘하고 있다. 무슨 일이든 익숙하지 않으면 떨리고 자신감이 없게 마련이다.

말 공부를 배우러 온 창희는 고3이었다. 말이 빠르고 더듬어서 무슨 말을 하는지 알아들을 수 없었다. 시옷, 리을 발음도 정확하지 않았다. 말에 대한 열등감으로 친구들과 잘 어울리지도 못했다.

발음 교정부터 시작해서 말 빠르기 조절을 매일 훈련했다. 처음에는 힘들어 했지만 하루, 이틀 시간이 갈수록 자신감이 생겼다. 자기 전에 침대에 누워서 복식호흡 하기, 천천히 책 읽기, 화장실에 앉아있을 때는 발음연습. 그렇게 한 달이 지나자 발음이 달라지기 시작했다. 말의 속도가 조금씩 느려지는 것을 본인도 느끼자 더 열심히 했다. 수업한 지 3개월이 지나자 다른 사람들보다 훨씬 발표를 잘했다. 그리고 연설문을 읽을 때는 스티브 잡스 못지않은 멋진 연설로 많은 박수를 받았다.

어떤 과정도 꾸준한 연습과 훈련이 동반된다면 결과는 좋을 수밖에 없다. 스피치는 다른 공부와 달라서 연습만 한다면 충분히 잘할 수 있다.

'나도 말 좀 잘하고 싶다' 하는 사람은 열심히 훈련을 하면 된다. 해보지도 않고 안 된다고 말을 하는 사람들은 자신을 모르는 사람이다. 자신의 한계를 과대평가하는 것도 문제지만 과소평가하는 것은 더 문제다. 스스로가 안 된다고 생각하면 시작도 못하고 끝나버리고 만다. 스피치는 자신, 그리고 시간과의 싸움이다.

무슨 일이든 하루아침에 달라지는 것은 없다. 그렇다고 욕심만 앞선다고 되는 것도 아니다. 처음부터 차근차근 걷다보면 내가 원하는 목적지에 와있을 것이다. 말이란 논리적인 것이고 기술도 중요하지만 가장 중요한 것은 상대의 마음을 얻는 것이다.

말을 잘하려면 듣기와 배려가 기본이다. 경청한다는 것은 곧 상대를 배려하는 것이기 때문이다. 상대방이 이야기를 하면 잘 듣고 대화에 맞는 좋은 질문을 해서 말을 이끌어 내야 한다. 말을 할 때는 상대방의 말에 동의한다거나 공감한다는 말을 하고 난 뒤에 내 생각을 말하면 좋다.

재미있는 경험담을 얘기하거나 종이컵 하나를 가지고도 묘사를 잘하는 사람이 말을 잘한다. 이야기를 나누다 보면 유독 말을 잘하는 사람이 있다. 말을 유창하게도 하지만 상황에 맞는 말들을 적재적소에 쓸 줄 안다. 그 사람들도 태어날 때부터 말을 잘한 것은 아니다. 힘든 과정을 거쳐서 얻은 결과이다.

저자에게 스피치를 배우러 온 소방관이 있었다. 그는 말에 대한 트라우마가 생기기 전에는 나름 말 좀 한다고 생각했단다. 문제가 생긴 것은 직장 상사를 대신해서 학교에 소방교육을 나갔을 때였다. 갑자기 생긴 일정이라 아무런 준비도 없이 나가게 되었다. 중학생 한 반 정도야 큰 어려움이 없을 것 같았다.

그런데 예상과는 달리 전교생을 대상으로 강의를 해야 했다. 강당에 천여 명의 아이들이 있었는데 연단에 오르기도 전에 가슴이 떨려 숨이 막힐 것 같았다. 자신이 무슨 말을 했는지 아무 기억도 없었다. 옷은 땀으로 젖어있고 혼이 나간 상태였다. 당연히 좋은 피드백이 돌아올 리가 없었다. 그 이후로 사람들 앞에서 말하는 것이 무섭고 두려워졌다. 시간이 갈수록 말을 해야 하는 일은 점점 많아지는데 말만 하려고 하면 그날의 공포가 떠올랐다.

그에게는 상처를 치유하고 자신감을 갖게 해 주는 것이 우선이었다. 준비가 안 된 상태에서 누구나 실수를 할 수 있다는 말로 위로해 주었다. 발표를 한 단어만 해도 잘했다고 칭찬을 해 주었다. 그리고 세 명 이상만 모이면 말을 하라고 시켰다. 15주 수업이 끝나는 날 어디를 가도 발표를 잘 할 수 있는 자신감이 생겼다고 했다.

그는 남보다 몇 배 더 피나는 훈련과 연습을 했다. 아들이 다니는 학교에 일일 교사를 해 주겠다는 목표가 그를 빨리 일으켜 세운 것 같다. 일일 교사로서 훌륭한 강의를 했고 아들에게는 멋진 아빠의 모습을 보여주었다. 말로 인한 트라우마가 생긴 사람들이 의외로 많다. 상처를 그냥 두면 스피치는 제대로 할 수가 없다. 말로 인한 상처는 말로 치유해야 한다.

스피치의 힘은 그래서 강하다.

7. 기적을 만드는 말

동생에게서 온몸이 아프다는 문자가 왔다. 병원이 직장이라 진료를 받아보라고 했다. 자리이동이 있어 한동안 일도 많았고 책임자가 되다 보니 스트레스도 많았다. 일하기 전에 진료를 받아 보라고 했더니 쓰러지고 싶은데 20년 동안 쓰러지지 않는 게 문제란다. 말이 씨가 된다고 그런 말은 함부로 하면 안 된다. 말에도 기운이 있다. 좋은 말을 하면 좋은 기운이 나오고 나쁜 말을 하면 나쁜 기운이 나온다. 그래서 저자는 될 수 있으면 좋은 말을 하려고 한다.

지인은 시력이 좋지 않다. 직장생활은 하고 있지만 불편함이 많다. 그의 마음을 충분히 이해할 수 있다. 저자도 한쪽 시력이 마이너스다. 지인은 장애 때문에 힘들다고 했다. 볼 수 없는 것은 장애가 아니다. 단지 불편할 뿐이다. 그는 나쁜 말로 나쁜 기운을 불러들였다.

어떻게 해도 달라지지 않는 일은 차라리 받아들이는 것이 낫다. 불편함을 장애라고 하면 상태는 점점 나빠진다는 사실을 모르고 말을 한다. 나쁜 말의 기운은 빠르게 우리 뇌를 자극한다. 부정적인 바이러스가 더 강하기 때문이다. 지인에게서 나쁜 말로 문자가 오면 나는 좋은 말로 답을 한다. 지인도 조금씩 달라지기 시작했다. 말은 어떻게 하느냐에 따라 인생이 바뀔 수도 있다는 것을 많이 봐왔다.

H는 유방암에 걸렸다. 그녀는 능력이 뛰어나다. 유아교육학 박사학

위를 받고 대학 강사와 모 기관에 육아 교육 센터장으로 있다. 처음 암을 발견한 것은 7년 전이었다. 40대 초반에 아이들도 어려서 모두들 안타까워했다. 그런데 정작 당사자인 그녀는 남의 일처럼 담담하게 받아들였다. 살다 보면 아플 수도 있고 암도 병이니까 고칠 수 있다는 긍정적인 생각을 했다. 병원에서도 일을 접고 쉬라고 했지만 수술하고 어느 정도의 휴식을 끝낸 뒤에는 강의도 다니고 자기 일에 충실했다. 가족들과 주위의 걱정과는 달리 본인은 아무렇지 않게 평소처럼 생활했다.

감기처럼 누구나 걸릴 수 있는 거라고 인정하고 받아들였다. 유방암 3기는 초기보다는 위험한 상태라 수술을 해도 재발할 확률을 무시할 수는 없다. 그녀는 스스로 환자라는 인식을 안 했다. 암 발병 이전과 같이 열심히 일하고, 운동하고, 즐겁게 살았다. 걱정하기보다는 자기의 처지를 잘 받아들이고 암을 인정했다. 수술하면 분명히 나을 수 있다고 믿었다. 그런 좋은 말이 좋은 기운을 불러들였다. 지금은 7년이 지나고 완치판정을 받았다. 어쩌면 당연한 결과라 생각한다. 의학적인 것도 중요하지만 환자의 생각과 말이 치료에 제일 큰 영향력을 끼친다. 아무리 힘든 일이 있어도 비관하기보다는 받아들이고 인정하는 것이 좋은 기운을 부르는 것이다.

그런 반면에 지인의 친구는 40대 중반이었다. 운동도 열심히 하고 사람들과도 잘 어울렸다. 그런데 종합검진 과정에서 폐암4기라는 진단을 받았다. 갑자기 일어난 일이라 당사자의 충격이 가장 컸다. 결국 그는 치료를 받기 전에 스스로 생명의 끈을 놓아버렸다. 말기 암이라고 하지만 치료도 해보지도 않고 죽음을 선택했다는 것이 안타까웠다. 얼마나 고통스러우면 그랬을까 하는 마음도 들지만 좋은 생각을 했으면 상황은 달라지지 않았을까 하는 생각을 해 본다. 말이든 행동이든 자신을 믿어야 한다. 세상 사람들이 다 아니라고 해도 본인이 된다고 하면 되는 것이 스피치의 힘이다. 기적을 만든 사람들을 보면 자신을 믿고 모든 것을 긍정적으로 생각한다.

저자도 초등학교 4학년 때 하루아침에 하반신 마비가 되어 일 년반을 누워서 보냈다. 검사 결과 병명도 찾아내지를 못했다. 한 달을 입원하고 병원에서는 더 이상 해 줄 게 없다고 퇴원하라는 말을 했다.

부모님은 나를 보고 날마다 울기만 했다. 엄마는 온 동네를 다니면서 어르신들에게 나의 상태를 말하고 방법이 없냐고 여쭈었다. 의학적으로도 안 되는 병인데 민간요법으로 할 수 있는 게 뭐가 있었겠는가. 엄마는 지푸라기라도 잡는 심정으로 나락 껍질을 가마솥에 삶아서 내 온몸을 찜질했다.

시간이 지날수록 가족들은 지쳐갔다. 그러나 단 한 사람, 엄마만은 절대로 나를 포기하지 않았다. 당신이 살아있는 동안 막내딸을 꼭 걷게 할 수 있다고 하루에도 수십 번도 더 되뇌었다. 대소변을 받아 내면서도 "괜찮다. 다시 일어설 수 있어"라며 용기를 줬다. 나는 엄마의 말을 믿었고 당연히 그렇게 될 수 있다고 생각했다.

그러나 고통이 심할 때는 차라리 죽여 달라고 소리쳤다. 그때도 엄마는 흔들리지 않았다. "너는 다시 걸을 수 있어 희망을 가지자"라는 말을 매일 했다. 엄마와 나의 시간은 속절없이 흘러갔다. 가족들은 물론이고 가까운 사람들에게조차 내 존재는 잊혀져갔다.

그럴수록 엄마와 나는 절대로 믿음의 끈을 놓지 않았다. '난 다시 일어나서 걸을 수 있을 거야. 친구들과 달리기도 하고 눈 내린 산에 올라가서 토끼몰이도 할 수 있어'라는 생각으로 버텼다. 아니 엄마가 그렇게 만들었다.

1년 6개월 뒤 어느 여름날 기적이 일어났다. 반듯이 누워서 꼼짝도 할 수 없었던 내가 툇마루에 앉아있는 참새를 잡고 싶어 몸을 뒤척이자 전혀 고통이 없었다. 돌아누워도 아프지 않았다. 일어나 앉았는데도 통증이 없었다. 밤새 간호를 하던 엄마는 옆에서 잠들어 있었다. 혼자 기어 나가서 마당 한 가운데에 가서 섰다. "엄마"라고 소리치자 주무시던 엄마는 놀라서 나를 바라봤다. "엄마 나 혼자 걸어서 나왔어"라고 말하자 혼이 나간 표정으로 바라보는 엄마의 눈에서 뜨거운 눈물이 흘러내렸다. 엄마는 나를 안고 이제껏 쌓였던 서러움을 다 쏟아냈다.

병원에 가서 다시 검사를 해 봤다. 원인도 없는데 결과가 있을 리가 없었다. 의사는 한마디로 기적이라고 말했다. 그날 이후로 다리 때문에 고생한 적이 없다.

그냥 생기는 기적은 없다. 엄마의 사랑과 믿음이 만들어낸 기적이다. 할 수 있다는 생각과 좋은 말로 힘과 용기를 준 덕분에 좋은 기운이 나를 일으켜 세웠다. 의학으로는 포기한 일이지만 사람의 말과 행동은 기적을 만들어낸다.

저자는 어릴 때부터 큰 아픔을 견뎌내고 새로운 삶을 살아서 그런지 부정적인 생각을 하지 않는다. 안 된다는 말도 하지 않는다. 어떤 상황에 처해도 좋은 말과 좋은 생각을 한다. 남들에게도 좋은 말을 해 주고 좋은 기운을 넣어주는 말을 골라서 한다. 하면 된다는 것을 체험했기에 가능한 일인지 모르겠지만 무조건 긍정적으로 생각한다.

될 수 있는 일도 안 된다고 말하는 사람들이 있다. 생각도 해보지 않고 습관적으로 안 된다는 말을 먼저 한다. 되고 안 되고는 최선을 다해보고 나서 판단해도 된다. 지레짐작으로 겁부터 내는 사람들은 말에 자신감이 없다. 자신감도 없고 부정적인 사람들은 대체로 나쁜 말을 많이 하고 나쁜 기운을 몰고 다닌다. '부자가 되려면 부자 뒤에 줄 서라'는 말이 있듯이 좋은 말과 좋은 기운을 받고 싶은 사람들은 좋은 말을 하는 사람들과 친해지는 것도 좋은 방법이다.

저자 주위에는 긍정적인 사람들이 많다. 저자가 긍정적이니까 당연히 그런 사람들이 모이고 좋은 말만 쓰니까 좋은 기운이 흐른다.

스피치 강사가 이렇게 좋은 직업인 줄 몰랐다. 저자가 가진 좋은 생각을 사람들과 공유하고 저자의 말을 듣고 많은 사람들이 변하는 모습을 보면 행복하다. 사람 만나는 것이 좋고 내 말 한마디에 누군가에게 힘이 된다면 앞으로도 죽는 날까지 사람들에게 꿈과 희망을 주는 사람으로 살고 싶다. 나쁜 말은 인생을 망칠 수도 있고 목숨을 빼앗아 갈 수도 있지만 좋은 말은 사람을 살리기도 하고 기적을 만든다.

8. 적과의 동침

괜히 주는 것 없이 미운 사람이 있다. 그가 하는 말이나 행동 하나하나가 눈엣가시 같다.

꼴 보기 싫은 사람에게는 어떻게 말을 해야 할까. 이럴 경우에는 오히려 감정과 반대로 행동해 보는 것도 좋은 방법이다. 옛말에 '미운 놈 떡 하나 더 준다'는 속담도 있다. 미운 사람일수록 단점만 보이겠지만 장점을 찾다 보면 그 사람의 좋은 점을 발견할 수 있다.

저자의 가족이 운영하는 문구사에는 각양각색의 사람들이 온다. 남녀노소 할 것 없이 하루에도 수백 명이 들락거린다. 손님을 상대하다 보면 고객이라는 이유로 반말하는 사람은 기본이고 돈을 던지는 사람, 물건을 훼손해 와서 반품해달라는 사람 등 여러 손님들이 있다. 갑질이 장난이 아니다.

블랙리스트인 고객이 있다. 그는 들어올 때부터 인상을 쓰고 인사를 해도 아는 척도 안 한다. 물건을 사갈 때마다 비싸다고 잔소리를 했다. 하루는 아들과 함께 왔다. 아들도 인사를 할 줄 몰랐다. 저자가 먼저 인사를 했다. "얼굴도 잘생기고 똑똑하게 생겨서 공부도 잘 하겠구나" 라고 칭찬을 했다.

절대로 웃지 않을 것 같은 손님이 씨익 웃으면서 "그렇게 잘하는 것은 아니고…" 하면서 말끝을 흐렸다. 손님은 웃으니까 훨씬 멋지다고 했더니 쑥스러워했다. 그다음부터는 가게에 들어올 때면 먼저 인사를 하고 웃었다.

단점을 보고 나쁘다는 말은 얼마든지 할 수 있다. 하지만 상대에게 장점이 있다면 찾아서 말을 건네고 칭찬을 해 주는 것이 적을 내 편으로 만드는 방법이다. 알고 보면 세상에 악한 사람은 없다. 단지 어떤 상황에 어떤 식으로 표현해야 할지를 모를 뿐이다. 마음을 열고나면 다들 좋은 사람이다.

어디를 가나 나와 뜻이 안 맞는 사람들이 있기 마련이다. 안 보고 살면 좋으련만 미운 사람은 꼭 보고 살아야 하는 상황이 되어 버린다. 함께 가야 할 사람이라면 즐겁게 지내는 방법밖에 없다. 밉다고 생각하면 미운 구석만 보이는 것이 사람이다. 미운 사람과 좋은 관계를 유지하려면 좋은 점을 찾는 게 우선이다.

첫 강의를 모 대학으로 나갔다. 첫날이라 어떤 사람들이 나올까 설렘과 궁금함으로 강의실에 들어섰다. 수강생 역시도 저자에 대한 기대감으로 눈이 초롱초롱했다. 강단에 올라서는 순간 가장 눈에 띄는 한 사람이 있었다. H였다. 팔짱을 끼고 몸을 의자에 비스듬히 기대고 앉아 있었다. 쳐다보는 모습이 얼마나 잘하나 보자는 식이다. 3시간 수업 내내 자세는 바뀌지 않았다. 그런 사람일수록 자신감이 없는 사람이다.

다음 시간에도 여전히 그 자세로 앉아있었다. H에게 잘하는 것이 무엇이냐고 물었더니 마술을 좀 할 줄 안다고 했다. 간단한 것으로 한 가지만 보여 달라고 했더니 그는 동전과 손수건으로 하는 마술을 재미있게 해 줬다. H의 마술이 거의 끝나갈 즈음 저자는 큰 소리로 "우와!" 하면서 박수를 쳤다. 이은결 마술사보다도 더 멋진 마술로 즐거움을 줘서 고맙다는 칭찬을 해 줬다. H는 별것도 아닌데 부끄럽다면서 고개를 숙였다. 다음 시간부터 H의 자세는 달라졌다. 매일 비스듬히 팔짱을 끼던 자세가 사라졌고 수업 내내 진지하게 경청을 했다.

누구나 장단점은 있다. 그것을 어떻게 잘 찾아서 활용하느냐에 따라 관계가 달라진다. 속담에 '원수는 외나무다리에서 만난다'라는 말이 있지만 원수는 외나무다리에서 안 만나는 것이 중요하다.

저자는 어릴 적 뒷집에 사는 복이가 제일 미웠다. 복이는 구슬치기를 할 때 나를 속였고 딱지치기를 할 때도 몰래 다른 딱지 한 장을 더 끼워 넣고 치기도 했다. 복이는 동네친구들에게 미운털이 박혔다. 복이는 나를 여자라고 더 무시했다. 딱지가 넘어가도 안 넘어갔다고 우겼다. 힘으로는 복이를 이길 수 없어 울고 집으로 오는 날이 많았다. 복이가 미웠다. 어떻게 하면 복수를 할까 고민해 봐도 이길 방법이 없었다. 복이는 싸움도 잘했고 딱지치기, 구슬치기, 달리기도 잘했다. 무엇을 해도 당해낼 재간이 없었지만 그렇다고 안 놀 수도 없었다.

우리 집 골목은 아이들 놀이터였다. 남자아이, 여자아이 다 모여서 술래잡기도 하고 딱지, 구슬치기도 했다. 골목대장인 복이 눈 밖에 나면 노는 데 끼워 주지도 않았다. 어떻게 미운 복이와 사이좋게 지낼까 그것이 문제였다. 아무리 좋아하려고 해도 좋은 구석이 없었다. 얼굴도 못생긴데다가 성질도 괴팍했다. 다른 아이들과 놀고 있으면 꼭 끼어 있었다. 안 보려고 해도 자꾸만 눈앞에서 얼쩡거렸다.

그날도 여전히 해가 지도록 아이들과 놀다가 집으로 들어왔다. 엄마 심부름을 가던 길에 아이들이 다 돌아간 골목길에 복이는 혼자 쭈그리고 앉아있었다. 왜 집에 안 가냐고 물었더니 엄마 아빠가 싸우고 있다면서 어깨를 들썩이며 울고 있었다. 그때까지 저녁도 못 먹었다고 했다. 미운 짓만 해서 잘됐다고 골려주고 싶었는데 복이가 안돼 보였다. 집으로 데리고 와서 저녁을 먹고 같이 텔레비전을 보고 놀았다. 복이는 밤이 늦어서야 집으로 돌아갔다. 그 후로 복이는 내게 참 잘했다. 괴롭히는 남자아이가 있으면 때려주고 딱지치기를 할 때도 다른 딱지를 한 장 더 끼워 넣지 않고 그냥 했다. 알고 보니까 복이한테도 좋은 점이 많았다. 정도 많고 의리도 있고 단지 내가 좋은 점을 발견하지 못했을 뿐이다.

사람의 장점을 찾는 건 쉽지 않다. 왜냐하면 미운 사람에게서 장점을 찾는 것이 어렵기 때문이다. 좋은 사람은 무슨 짓을 해도 예뻐 보이고 사랑스럽게 보인다. 미운 사람이 밉게 보이는 이유는 보는 사람들의 마음이 삐뚤어져 있기 때문이다. 내 감정의 문제를 상대방 탓이라고 돌리다 보니 미워진다.

여고 동창은 아버지와 한마디로 '고양이와 쥐'였다. 허구한 날 말싸움이었다. 학교 오면 얼굴에 아버지와 한바탕했다고 쓰여 있었다. 아버지는 공부도 안 하고 놀기만 하는 딸이 눈엣가시였고 딸은 용돈도 잘 안 주고 잔소리만 하는 아버지가 미웠다. 어떤 날은 아버지에게 대들다가 야구방망이로 때리겠다는 아버지를 피해서 동네를 몇 바퀴나 돌았다.

아버지와 화해를 해보라고 했더니 아무리 봐도 좋은 점이 없단다. 공통점이라도 찾아보라고 했더니 싸움 잘하는 것이 공통점이란다. 하루가 멀다 하고 싸움을 하니 부녀지간에 살풀이라도 해야 할 것 같았다.

야구시즌이 한창일 때 친구와 저자는 야간자습을 빼먹고 야구장에 갔다. 사람이 많아서 자리 찾는 것도 쉽지가 않았다. 이리저리 밀리다 친구가 앞사람과 부딪쳤다. 눈을 어디 달고 다니느냐는 고함 소리에 깜짝 놀라 쳐다보니까 친구 아버지가 서 있었다. 도망은 가야 하는데 다리가 후들거려 꼼짝없이 붙들리는 신세가 되었다. 고양이 앞에 끌려온 쥐 신세라 처분만 기다리고 있었는데 아버지는 "야구 보러왔나"라고 하면서 보고 가라고 했다. 저승사자보다 무서운 사람이 친구 아버지라고 생각했는데 전혀 그렇지 않았다. 저자보다 친구는 아예 넋이 나간 표정이었다. 우리는 신나게 야구를 보고 돌아왔다.

다음 날 아침이 두려웠다. 친구가 과연 무사할까 라는 생각이 들었다. 그러던 찰나, 교실 문이 열리면서 뒤쪽으로 서광이 비치기 시작했다. 친구의 환한 얼굴이 나타났다. 매일 인상을 쓰고 들어오던 얼굴에 웃음이라니. 살다 보니 이런 날도 있구나 싶었다. 친구는 야구가 끝나고 집에서 아버지와 열띤 토론을 했다고 했다. 두 사람이 좋아하는 팀이 같은 편이라 천만다행이었다. 야구라는 공통점을 찾아내고 둘이는 싸우는 일이 줄어들었다. 가끔 싸울 일이 있어도 서로 이해하고 배려하게 됐다.

살다 보면 미운 사람보다 좋은 사람들이 더 많다. 소수의 미운 사람들 때문에 상처받고 아파한다. 보기 싫어하면 할수록 엮이는 일도 많고 부딪칠 일도 많다. 안 보고 살 수 있으면 그것보다 더 좋은 일은 없겠지만 세상일은 절대로 내가 원하는 대로 흘러가지 않는다.

그럴 바엔 받아들이는 것이 마음이 편하다. 미운 사람은 미운 대로 인정해 주고 좋은 점을 찾아서 칭찬을 해 보자. 칭찬하는데 싫어하는 사람은 아무도 없다. 한 번 해 보고 안 된다고 쉽게 포기하지 말고 열 번만 좋은 점을 찾아서 칭찬해 보자. 미운 사람도 달라진다.

태어날 때부터 나쁜 사람은 없다. 남의 나쁜 점이 보이면 내게도 나쁜 점이 분명히 있다. 역지사지의 마음으로 상대를 이해하고 칭찬하는 모습이야말로 진정 말을 잘하는 사람의 모습이다. 이왕 해야 할 적과의 동침이라면 편안하고 즐겁게 지내는 것이 현명한 방법이다. 하루에도 수십 번 더 마주쳐야 하는 미운 사람도 분명히 좋은 점이 있다. 외나무다리에서 만나는 원수도 살펴보면 예쁜 구석이 있는 법이다.

9. 살아 있는 말

 입만 열면 틀어 놓은 수도꼭지처럼 쉴 새 없이 말을 쏟아내는 사람이 있다. 세상사 모든 화가 입에서 나온다는 사실을 안다면 말조심을 해야 한다. 요즘같이 말도 많고 탈도 많은 세상도 없다. 말이란 한 번 입 밖을 나가면 다시 돌이킬 수 없다. 많은 사람들이 말 때문에 상처를 받고 죽는 일까지 생긴다. 생각만 해도 말이 무섭다.

 블로그를 운영하던 지인은 자기가 올린 글에 욕을 써 놓은 것을 보고 깜짝 놀랐다고 한다. 일면식도 없고 사이버 공간에서 서로 글을 공유한 것뿐인데 왜 그런 내용을 썼는지 알 수가 없다. 정중하게 나쁜 말은 삼가달라고 댓글을 달았더니 자기 마음이라는 반응이 돌아왔다. 좋은 의미로 시작한 공유의 장이 무서워서 블로그를 그만뒀다.

 주인이 쓴 글에 대해 비판도 할 수 있고 생각이 다를 수도 있다. 그렇다고 욕까지 할 필요는 없다. 오프라인 공간에서는 오해가 생기면 마주 앉아 풀 수도 있지만 온라인 공간에서는 그럴 수가 없다. 더 신중하게 표현에 신경을 써야 한다.

 오죽하면 악성 댓글 때문에 스스로 죽음을 택하는 사람이 생기는지 이해가 간다. 우리의 사소한 말 한마디가 사람을 죽이기도 하고 살리기도 한다. 내가 하는 말이 사람을 살리는 말인지 죽이는 말인지 한 번쯤 생각해봐야 한다. 넘쳐나는 거친 말과 막말은 다른 사람도 해치지만 스스로를 해치는 일이기도 하다.

어떻게 하면 사람을 살리는 말을 할 것인지 제대로 말 공부를 해야 한다. 좋은 말, 고운 말, 칭찬하는 말이 사람을 살리는 말이다.

말하는 내용을 보면 그 사람이 보인다. 말이 인격이고 말이 성품이기 때문이다. 지금 품격 있는 말을 하는 사람의 모습에서 과거가 보이고 미래가 떠오른다. 말이 그토록 중요한 이유이다.

침묵도 쉬운 일이 아니지만 때와 장소에 맞는 말을 한다는 것은 참으로 어렵다. 말을 안 하고 가만히 있으면 중간은 간다는 소리도 말 때문에 일어나는 실수를 막기 위함이다. 입 밖으로 나온 말을 다시 주워 담을 수도 없지만 주워 담고 싶은 말일수록 빠르게 퍼져 나간다. 하물며 요즘 같은 시대야 더 말할 나위가 없다. 돌이켜보면 어릴 때부터 바른말, 고운 말 하는 습관을 제대로 배우지 못해서 그렇다. 아무 말이나 쉽게 얘기하고 던지듯 말하는 것이 익숙한 탓에 상처를 주는 일이 많다. 상처를 준만큼 치유는 받지 못한 결과가 죽음도 부른다.

과거에는 함부로 말을 하고 상처를 줬다면, 지금부터는 말로 상처받은 사람에게 약도 발라주고 회복하도록 도와줘야 한다. 말로 인한 상처가 없는 사람은 거의 없다. 부부지간, 부모와 자식, 고부간, 친구와 직장 동료들로부터 받은 말의 상처로, 마음의 병을 앓는 사람들이 많다는 사실에 놀랐다. 정작 상처를 준 사람은 상처를 준 사실조차 기억하지 못하지만 들은 사람은 평생 고통에 시달린다.

가장 아픈 상처는 막말과 욕설이다. 어려서 들은 욕설과 모욕은 트라우마로 남아 거의 회복 불능이다. 말로 생긴 상처는 문신이나 수술 자국보다 깊다. 성형수술도 할 수 없는 마음의 상처를 평생 가슴에 안고 살아야 한다.

그토록 심각한 일인데도 거친 말과 욕설은 사회 곳곳에 만연하고 있다. 심지어 나라와 국민을 챙겨야 하는 국회에서도 막말과 욕설이 나온다. 어른들 사이에서 막말과 욕설이 난무한데 우리 아이들이 뭘 보고 배울까 걱정이 앞선다.

아니나 다를까 요즘 아이들 말은 반은 욕이고 반은 무슨 말을 하는지 알아들을 수도 없는 은어다.

텔레비전에서 나오는 막말과 욕설은 눈살을 찌푸리게 한다. SNS를 통해 들어오는 메시지에도 막말은 넘친다. 나쁜 말을 하는 사람의 심리는 잘 모르겠지만 자신의 존재감을 나쁜 말로 나타내고 싶어 한다면 잘못된 생각이다. 그런 사람은 말을 할 줄도 모르는 사람이다. 말은 상대가 들었을 때 기분이 좋고 행복해야 한다. 위로의 말과 희망적인 말이 사람을 살리고 세상을 아름답게 한다.

말만 하면 욕을 하는 지인이 있다. 사람은 착한데 말이 거칠고 욕을 많이 해서 주위에 친한 사람이 없다. 제발 욕 좀 하지 말라고 해도 자신도 모르게 튀어나온다고 한숨을 내쉰다. 그는 어릴 적부터 욕을 배웠고 그게 습관이 되었다. 지인의 아버지도 동네에서 욕쟁이라고 통할 만큼 욕을 달고 살았다. 그런 환경에서 자라온 지인도 아버지를 그대로 닮았다. 그런 습관을 대신 고쳐줄 수도 없다. 스스로 고치려고 피나는 노력을 해야 한다. 지인은 자기가 욕하는 것도 화가 나는데 아들 녀석도 말끝마다 욕이고, 거친 언어를 쓴다고 한탄을 했다. 어떻게 하면 욕을 안 할 수 있을까 라며 후회를 했다. 그리고 아버지한테 물려받은 것이 욕밖에 없다고 돌아가신 아버지를 원망했다.

부모가 욕을 한다고 자식이 다 욕을 하지는 않는다. 사람에 따라서 다르고 성격에 따라서도 다르다. 자기의 인격은 스스로 만들어 가는 것이기 때문에 노력하면 얼마든지 고칠 수 있다. 지인은 아들 때문에라도 말을 고쳐야겠다고 했다.

저자가 그에게 가르쳐준 방법은 아침에 일어나서부터 잠들기 전까지 자기가 한 말을 녹음해서 들어보는 것이었다. 스스로 어떤 욕을 했는지 알아야 고칠 수가 있다. 아들 앞에서는 의도적으로 고운 말을 쓰도록 했다. 그리고 아들도 자기 말을 녹음해서 들어보게 했다. 오랜 세월 동안 습관이 된 말이라 하루아침에 고치기는 힘들겠지만 본인이 나쁘다는 것을 알고 고치려고 노력한다면 분명히 변한다. 말을 잘하는 것도 꾸준한 연습을 통해서 잘할 수 있고 나쁜 말도 연습을 하면 충분히 고칠 수 있다.

말은 어디서부터 잘못됐고 누구로부터 잘못됐다고 따질 수도 없다. 모든 것은 나로부터 시작됐기 때문이다. 말도 내 입에서 나가는 건데 남 탓을 할 수는 없다. 스스로 고치도록 노력해야 한다. '물가가 오르니까 목소리도 높아진다'는 말도 있듯이 내 목소리가 높아지면 다른 사람들도 따라서 목청을 높인다.

지금부터 두 마디 하고 싶은 건 한 마디만 하고, 욕하고 싶을 때는 나를 돌아보자. 그리고 아이들 앞에서는 막말과 욕설을 하지 말아야 한다. 막말을 하고 욕을 하는 것은 아이들에게 이렇게 하라고 가르치는 것과 같다. 부부가 좋은 말로 부드럽게 대화하는 것만으로도 가정교육의 절반은 성공이다.

욕을 하거나 거친 말을 하는 아이에게는 고운 말을 해야 하는 이유와 상대방이 받을 상처에 대해서 구체적으로 설명을 해줘야 한다. 그렇게 하면 함부로 말을 하지 않는다.

집안에서부터 말 교육이 이뤄지는 것이 우선이다. 남편이 말을 해도 칭찬, 아내가 말을 해도 칭찬, 아이들이 말을 하면 더 많은 칭찬을 한다면 세상에는 좋은 말로 넘쳐날 것이다.

말할 때마다 잘한다고 칭찬을 하라고 했더니 늘 하는 말인데 무슨 칭찬을 하느냐고 반문하는 사람이 있다. 칭찬을 받으면 말을 잘하려고 노력한다. 예쁜 말은 좋은 기운을 불러온다. 귀찮다고 대충 넘어가지 말고 칭찬을 해 보자. 복이 넝쿨째 굴러온다.

돈 드는 일도 아닌데 칭찬해서 손해 볼 일은 없다. 오히려 말을 잘하게 돼서 좋고 좋은 기운이 몰려와서 좋다. 칭찬해서 기분 좋고 칭찬받은 사람이 행복해서 좋은 것이 칭찬의 힘이다. 칭찬과 격려는 사람을 살리는 말이고 용기와 희망을 주는 말이다. 우리는 칭찬을 통해 많은 것을 얻는다.

생각보다 칭찬을 할 줄 모르는 사람이 많다. 칭찬을 받아 보지 못한 사람은 칭찬하는 방법도 모른다. 칭찬을 자주 하다 보면 사람을 대할 때 좋은 점부터 찾는 버릇이 생긴다. 칭찬과 격려의 말을 찾는 것도 훈련이 필요하다.

칭찬은 아첨이 아니다. 진심을 표현하는 것이다. 세상은 갈수록 거칠어지고 살기가 힘들다. 그럴수록 우리는 말의 소중함을 배워서 서로 힘이 되고 치유하는 삶을 살아야 한다. 막말 보다는 고운 말, 욕설 보다는 사랑이 담긴 말을 하자. 그것이 상대방에 대한 존중과 배려다. 나쁜 말과 욕설은 상대를 아프게 하고 죽이는 말이 되지만 좋은 말과 칭찬하는 말은 상대를 행복하게 하고 살리는 말이 된다.

10. 상처 없는 말

말을 배우면 배울수록 함부로 하면 안 되겠다는 생각이 든다. 말이란 한 번 입 밖으로 나가면 주워 담을 수가 없는데도 사람들은 아무렇지 않게 말을 한다. 무심코 던진 말에 상대방은 상처를 받는데도 그걸 모른 채 살아간다.

3년 전이었다. 친구의 차를 몰고 주차하다가 옆 차를 긁고 말았다. 주차는 천천히 좌우를 잘 살피고 해야 하는데 급한 성격 탓에 사고를 내고 말았다. 상대방 차주에게 전화를 걸어 사정 이야기를 했더니 나왔다. "몸은 어떠냐? 놀라지는 않았냐?"고 걱정을 해 줬다. 그 말에 오히려 미안하고 몸 둘 바를 몰라 죄송하다는 말만 되풀이했다.

그런데 친구는 오자마자 운전을 어떻게 했길래 멀쩡하게 서 있는 차를 박느냐고 화를 냈다. 미안한 마음에 어쩔 줄 몰라 하는 저자에게 끝까지 성질을 냈다. 잘못을 한 것은 맞지만 사람을 죽인 것도 아니고 살짝 접촉 사고가 난 것뿐인데 저자의 마음은 안중에도 없었다. 섭섭한 마음에 울고 싶은 것을 꾹 참았다. 상대방 차주와는 합의를 해서 잘 마무리가 되었지만 친구가 한 말은 시간이 지나도 잊히지 않았다.

상대방의 잘못을 타이를 때도 먼저 마음을 살펴주고 말을 하는 습관을 갖는 것이 좋다. 블로그, 페이스북 등 수많은 소셜 네트워크를 통해 무수한 말이 오가는 만큼 상처받는 사람이 늘고 있다. 따뜻한 말보다는 서로 비난하는 말들이 난무하고 인터넷의 악성 댓글은 사람의 목숨을 앗아가기도 한다. 무심코 내뱉은 말이 상대방에게는 돌이킬 수 없는 상처가 되고 자신에게도 독이 되어 돌아온다.

상처 주지 않는 대화란 어려운 것이 아니다. 누구나 쉽게 실천할 수 있는 말부터 시작하면 된다. 내 입장이 되어서 상대방에게 말하는 연습을 해보자. 그리고 대화 군데군데 들어있는 말의 가시부터 뽑아야 한다.

예를 들면 상대가 한두 번 저지른 실수를 가지고 "매일 똑같은 실수를 하네"라고 한다면 상대는 한두 번 한 실수 때문에 '매일'이라는 말을 듣게 되어 화가 날 것이다. 있는 그대로 잘못을 지적하고 책임을 물어야 한다. 과장되게 표현을 해서 가시 돋친 말을 하면 상대방은 상처를 받는다. 사소한 말 한마디가 상처를 주기도 하고 아무렇지 않게도 한다. 말을 할 때 가시가 있는지 없는지 생각하고 말을 한다면 말로 인한 상처는 줄일 수 있다.

상대방을 배려하는 말은 가시 박힌 말이 아니라 편안한 말이다. 상처 주지 않고 상처 받지 않는 대화를 나누려면 가장 기본적인 것부터 알아야 한다. 좋아하는 사람에게 호감 사기, 소중한 친구와 잘 지내기, 직장 동료와 원만한 관계 유지하기, 처음 만난 사람에게 마음 열기 등. 이런 것들은 대화를 하기 위한 기본적인 요소이다.

좋은 사람에게 호감을 사고 싶은 마음은 누구나 가지고 있다. 호감을 사기 위해서는 어떤 말과 행동을 해야 할까. 사소한 것이라도 공통점을 찾아야 한다. 그리고 관심 분야에 대해 질문을 하는 것이다.

소중한 친구와 잘 지내는 방법은 나를 보는 마음으로 말하는 것이다. 친구라서 다 이해해 줄 거라는 착각은 하면 안 된다. 아무리 친한 친구라도 자기에게 싫은 소리를 하면 기분이 나쁘다.

직장 동료와의 관계를 원만하게 유지하려면 관심을 가지고 슬픔과 기쁨을 함께할 수 있도록 해야 한다.

마지막으로 처음 보는 사람에게 마음 열기가 있다. 처음 만나는 사람에게는 첫인상이 중요하다. 첫인상이란 웃는 모습은 기본이고 태도, 복장, 말씨 등 이런 요소들로 첫인상을 판단하므로 신경을 써야 한다.

사람들 관계에서는 인상도 중요하고 태도도 중요하지만 말보다 중요한 것은 없다. 처음 만난 사람에게 말실수를 한다면 그 사람과의 관계는 끝난 것이나 마찬가지다. 말을 할 때도 상대방의 입장되어 말을 하고 들어줘야 한다. 상대가 실수를 해도 무조건 화를 내고 잔소리를 할 것이 아니라 상대방의 마음 상태부터 헤아려 주는 사람이 배려할 줄 아는 사람이다.

사람은 죽을 때까지 변하지 않는다는 말은 맞는 말일 수도 있지만 틀린 말일 수도 있다. 사람을 완전히 다른 사람으로 바꿀 수는 없다. 하지만 내면에 있는 또 다른 모습을 찾아낸다면 결과적으로 예전과 다른 사람이 될 수도 있다.

여러분은 '미켈란젤로 현상'이라는 말을 알고 있는가? 미켈란젤로는 조각의 형상이란 깎아서 만드는 것이 아니라 애초부터 돌 안에 잠들어 있는 형상을 조각가가 깎아서 드러내는 것이라고 생각했다. 사람도 마찬가지다. 이런 모습이 있으면 저런 모습도 있다. 나의 모습 속에도 또 다른 내 모습이 있는 것과 같다. 상처를 받은 사람이나 상처를 준 사람들은 똑같이 상처가 있다. 이런 자신과 상대방의 모습을 찾아낸다면 몰라보게 달라진다. 말하는 사람이 조심하면 듣는 사람도 함부로 말하지 않는다.

아무리 배려하고 말을 해도 유난히 귀에 거슬리게 말을 하는 사람이 있다. 요즘은 일보다 사람 관계가 어려워서 일을 못 하겠다는 말을 많이 듣는다. 사람들이 일 때문에 받는 스트레스가 10%라면 사람에게 받는 스트레스가 90%를 차지한다. 사람 관계가 가장 힘들다는 말이다. 지인의 부하직원이 상의도 없이 일 년간 휴직계를 내겠다고 통보를 해 왔다. 일이 많은 부서라 대체인원이 올 때까지 기다려 달라고 부탁을 했다. 하지만 규정에 문제가 없다고 하면서 일년 휴직에 들어갔다. 아무리 설득을 시켜도 자기 입장만 고집하는 말만 되풀이해서 대화를 할 수가 없었다. 결국은 규정대로 휴직을 하고 있지만 대체 인력이 제대로 없어서 모두 힘들어지게 됐다.

조직 사회에서 자기 입장만 고집하는 사람들은 공동체의 기본을 모르는 사람이다. 자기로 인해 힘들어하는 사람들은 안중에도 없다. 자기만 편하면 되고 자기 생각만 하는 사람들은 상대의 고충을 알 리가 없다. 전후 사정을 이야기해도 내가 아니면 아니라는 고집스러운 사람들은 말이 막히면 규정에 있는 대로 처리하라고 말한다.

사회생활은 당연히 규정대로 해야 한다. 하지만 가족이든 사회조직이든 사람들 간에는 관계가 중요하다. 자기밖에 모르고 규정만 외치는 사람은 조직에서 민폐다. 사람 관계에 있어서 규정도 좋지만 정이라는 마음이 있어야 한다. 모든 것을 규정대로만 하고 살 수는 없다. 세 명이 일을 하다가 한 사람이 빠지면 자기의 일을 대신 맡아 하는 사람들에게 최소한 미안한 마음은 가지고 있어야 한다.

운전을 하다 보면 난폭 운전을 하는 사람들이 많다. 일단 난폭 운전자는 피하고 봐야 한다. 하지만 가까운 사이라 피할 수 없는 입장이면 모범운전자로 만들어야 한다. 그럼 어떻게 하면 모범운전사로 만들까? 내 마음속에 있는 감정을 제대로 전달해야 한다.

예를 들면 재미있는 영화를 봤다고 친구에게 말을 했다. 친구는 영화가 재미있었는지 없었는지도 모른다. 보지도 못했고 듣지도 못한 내용에 대해서는 감동도 없고 할 말도 없다. 친구의 반응은 시큰둥하게 마련이고 공감을 받지 못한 친구는 자기 말이 무시당했다는 생각때문에 기분이 나빠진다. 사소한 단어 하나가 사람의 마음을 감동시킬 수도 있고 무시당한 느낌을 줄 수도 있다.

내용을 제대로 전달하는 것이 상대를 달라지게 할 수 있다. 이런 상황에서는 내가 본 영화에서 가장 감동 받은 내용에 대해서 최대한 실감나게 감정이입을 하고 전달해야 한다. 그렇게 하면 친구는 비록 영화관에 안 갔지만 감동을 함께 느낄 수 있다.

내가 들어서 기분 나쁜 말이면 상대방도 기분 나빠 할 것이므로 말하지 말아야 한다.

말은 인간이 가진 최고의 도구도 되지만 때로는 가장 위험한 흉기가 되기도 한다. 내 말이 때로는 칼이 되어 상대방을 찌를 수도 있고 상대가 주는 상처의 말을 방패로 막아 낼 수도 있다. 누가 칼을 들고 누가 방패를 든 사람인지는 상대방의 말이 답을 해 준다. 어떤 사람은 남들이 무심코 내뱉는 말에 자주 상처를 받는다고도 하고, 어떤 사람은 자기가 상대에게 상처를 준 일은 없다고 말하기도 한다. 반면에 "나는 웬만해서는 상처를 받지 않지만 남에게 상처를 줄 때가 가끔 있다"라고 말하는 사람도 있다. 어느 쪽이건 칼이 되는 말은 상대의 가슴만 찌르는 것이 아니고, 그 사람의 일생을 바꾸어 놓을 수도 있다는 점을 명심해야 한다.

누가 어떤 말을 해도 튼튼한 방패를 가지고 상처 받지 않고 살 수 있는 것이 최선이다. 상처 주지 않고 상처 받지 않는 대화의 방법은 특별한 것이 없다. 내가 듣고 싶지 않은 말은 하지 말고 내가 듣고 싶은 말만 하면 된다.

11. 연금술사

　지인이 점심을 먹고 우연히 들른 휴게소에서 부하직원들이 자기 험담을 하는 소리를 들었다. 상사 입장에서만 일을 지시하고 직원들 입장을 모른다는 이야기였다.

　그는 화가 나서 금방이라도 소리를 지르고 싶었지만 문득 신입 시절이 떠올랐다. 까다로운 상사는 사사건건 지인의 말에 트집을 잡고 일도 어렵게 시켰다. 힘이 들어 많이 울기도 하고 부당한 일에 대한 항의도 못해 스트레스를 엄청 받았다.

　그런데 정작 지인도 상사가 하던 버릇을 그대로 답습하고 있었다. 생각이 그쯤 되자 부하직원이 이해가 갔다. 얼마나 고달팠으면 험담을 하고 뒷담화를 할까 하고 모른 척 하기로 했다. 지인도 신입 때는 속상해서 동료들과 상사를 험담하고 욕을 했지만 상대가 듣지 못했을 뿐이다. 말을 하다 보면 본의 아니게 실언할 수 있다고 생각하니까 치솟던 화는 누그러지고 상대방 입장을 돌아보게 됐다.

　막상 저자가 지인의 입장이었으면 어떻게 행동했을까 라는 생각이 들었다. 아무리 자기들만의 이야기지만 누군가는 듣게 되어 있고 실수가 아니라 험담이 되어서 상대에게 상처가 될 수도 있다. 말실수도 문제지만 말실수로 인해 상대가 보복감정을 갖게 되는 것도 무서운 일이다.

저자가 세상에서 가장 싫어하는 것이 채혈하는 일이다. 혈관이 가늘어서 베테랑 간호사가 아니면 찾기가 어렵다. 얼마 전에도 열이 많이 나서 응급실에 갔다. 간호사에게 혈관이 가늘어 찾기 힘드니까 참고해 달라고 말했다. 잘 해보겠다고 한 간호사의 혈관 찾기는 세 번을 찌르고도 실패했다. 아픔을 참아야 하는 나도, 혈관을 못 찾아 쩔쩔매는 간호사도 힘들기는 마찬가지였다. 결국은 연륜이 있는 간호사가 와서 해결을 했다. 이제 1년 차라고 하는 간호사는 내게 죄송하다는 소리를 몇 번이나 했다.

마음 같아서는 처음부터 잘하는 간호사가 와서 한 번에 해결해 줬으면 하는 바람이 있었지만, 간호사 입장에서는 시도도 안 해 보고 선배에게 도와달라는 부탁을 하기 난처했을 것이다. 혈관이 안 나오면 저자도 힘들지만 간호사들도 진땀이 난다. 손목, 팔에 시퍼렇게 멍든 자국은 보름이 지나도 사라지지 않았다.

살면서 실수를 안 하고 사는 사람은 없다. 다만 말이든 행동이든 실수를 했으면 인정하고 상대에게 용서를 구하면 된다. 실수를 인정하는 사람도 있지만 인정하기보다는 그럴 수도 있다고 우기는 사람 때문에 상처를 받는다. 내게 연신 미안하다고 고개를 숙이며 어쩔 줄 몰라하던 간호사의 모습에서 딸의 얼굴이 떠올랐다.

딸아이도 간호사다. 첫 출근 날 나이팅게일의 선서를 가슴에 새기면서 즐거운 마음으로 출근을 했다. 가장 힘든 부분은 일이 아니라 사람 관계였다. 환자 보호자들은 자기 위주로만 말을 한다고 했다. 입원한 환자에게 저혈당 쇼크가 왔다. 의사들이 와서 응급조치를 취하고 상황이 잘 마무리되었다. 환자 보호자는 딸에게 "간호사는 저혈당이 뭔지도 모르냐? 학교 교육은 제대로 받았느냐? 간호사 자격증은

있느냐?"라는 말로 인격 모독을 했다. 참다못해 보호자에게 "저희는 정상적인 공부를 해서 국가 자격증을 따고 환자를 안전하게 모시는 간호사들입니다. 그런 말을 함부로 하시면 곤란합니다"라고 말을 했다. 보호자는 그런 뜻이 아니라며 변명을 했고 상황은 끝이 났지만 딸은 많이 허탈했다고 한다.

자기들 위주로 생각 없이 던진 한마디는 여러 사람이 상처를 받는다. 화가 나도 할 말이 있고 하지 말아야 할 말이 있다. 화가 난다고 아무 말이나 하면 상대방이 받는 상처는 누가 치료해 줄 수 있을까. 잘못된 말 습관으로 상대방은 큰 상처를 받고 흔적은 오래도록 남는다.

오히려 상대가 실수를 했을 때 너그럽게 용서를 하고 괜찮다고 격려를 해 주면 어떨까. 실수한 사람은 미안해서 앞으로 더 잘하려고 노력할 것이다. 사람에게 받은 말의 상처는 사람에게 다시 치유를 받는다. 될 수 있으면 상처 주는 말은 하지 말고 치유하는 말을 하자.

딸아이는 늘 내게 부탁한다. 병원에 가면 진상 손님이 되지 말고 실수를 품어 주는 어른의 모습을 보여줬으면 좋겠다는 말이 가슴을 아프게 한다. 얼마나 말에 대한 상처가 심했으면 저럴까 하는 마음에 어디를 가도 말조심을 하게 된다.

실수를 한 사람에게도 다음에는 잘할 수 있다고 용기를 주는 사람이 배려하는 말을 하는 사람이다. 실수를 해도 괜찮다는 '위로의 말 릴레이'를 해보는 것도 좋겠다. 내가 한 말에 책임을 지고 상대가 한 실수는 덮어주는 이런 습관이 생활화된다면 말로 인한 상처도 줄어들고 말실수로 인한 보복도 없다. 내 말 한마디에 상대가 용기를 가진다면 좋은 말은 여러 사람을 살린다.

우리는 작은 실수도 예민하게 받아들인다. 용서와 배려가 부족한 것도 있지만 실수를 참지 못하는 성격 때문에 그렇다. 저자도 옛날에는 누가 실수를 하면 그것도 못하냐고 소리치고 잔소리했다. 남편이고 아이들이고 실수를 용납 안 했다. 그러나 내가 소리치고 잔소리를 한다고 해도 남편이나 아이들이 달라지는 것도 아니고 괜히 나만 속상하고 화난다. 모든 것을 내 관점에서 보고 말을 하니까 상대를 읽을 수 없었다.

그래서 상대의 관점으로 사람을 보기로 했다. 그렇게 생각하고 보니까 그렇게 할 수밖에 없었을 거라는 이해가 되었다. "왜 그랬냐"는 말이 아니라 "그럴 수도 있다", "다음에는 잘하면 된다"는 말로 바꾸었다. 실수를 웃고 넘길 줄 아는 지혜가 여러 사람을 행복하게 만든다.

서로의 입장이 되어보지 않으면 모른다. 입장이 되어도 상대의 실수에는 화부터 내는 것이 사람의 심리다. 실수는 누구나 할 수 있지만 실수를 어떻게 고쳐나가느냐가 중요하다. 내가 하는 말이 상대방에게 행복한 말이 된다면 말로 인한 실수를 줄일 수 있다. 이웃의 실수를 나의 실수라고 생각하고 너그러이 받아들여 보는 습관도 연습만 하면 가능하다.

옛날에 모 방송국에서 '칭찬 릴레이'라는 것을 방영한 적이 있다. 매주 칭찬할 사람들을 찾아서 선물을 나누어주고 또 그 사람이 칭찬할 사람을 소개하는 식으로 끝도 없이 이어지는 칭찬하기 프로그램이 감동적이었다.

'칭찬 릴레이'처럼 실수를 해도 괜찮다고 위로해 주는 말도 많이 해주면 좋겠다. 실수를 안 하고 적재적소에 맞는 말, 옳은 행동만 하고 살면 좋으련만 쉽지는 않다.

실수를 한 만큼 성장할 수 있는 기회도 있다. 성장의 씨를 위로라는 말로 뿌려야 한다. 사람들은 말 한마디에 울고 웃는다. 하루 평균 남자들은 7,000개, 여자들은 250,000개의 단어를 말한다. 많고 많은 단어 중 좋은 말, 고운 말만 한다면 세상에는 말의 연금술사들로 넘쳐날 것이다. 실수를 해도 괜찮다고 위로의 말을 해 주는 사람이 말의 연금술사가 아닐까.

제3장

스피치는 예절이다

1. 자르기, 끼어들기

　말을 잘하는 사람이 말을 못하는 사람보다 사회생활에서 유리한 것은 사실이다. 모든 사람들이 재미있고 상황에 맞게 말을 잘하면 얼마나 좋을까. 말 못하는 사람들의 희망사항이기도 하다.

　몇 해 전부터 해온 친구들 모임이 있다. 다섯 명이 멤버인데 모였다 하면 수다 떠느라 시간 가는 줄 모른다. 한 친구는 말을 하면 감칠 맛 나게 잘한다. 상황을 보지 않아도 본 것 같은 느낌이 들 정도로 재미있게 해서 분위기를 즐겁게 한다. 표현 또한 얼마나 리얼하게 하는지 이야기를 듣는 내내 배를 잡고 웃는다.

　그런데 다른 한 친구는 상대방이 말을 할 때 휴대폰을 보고 있다가 말 중간에 끼어들어 "뭐라고? 다시 말해줘"라는 말을 한다. 상대의 말을 잘라버리고 끼어들기를 한다. 즐거운 분위기를 한 사람의 생각 없는 행동으로 망치게 된다.

　재미없는 말을 해도 상대방의 말을 '잘 들어주는 것'이 말을 하는 사람에 대한 예의다. 두 사람과 대화를 할 때와 달리, 여러 명이 모였을 때의 대화는 신중해야 한다. 단둘이 하는 대화는 어떤 말도 이해하기 쉽고 내가 하고 싶은 말이 있으면 양해를 구하고 먼저 할 수도 있다. 그러나 여러 명이 대화를 할 때는 상대방의 말을 경청하고 끝날 때까지 기다려줘야 한다. 말하는 중간에 너도나도 나선다면 대화가 될 수가 없다.

말을 잘하려면 경청하는 것부터 배워야 한다. 경청하지 않고는 대화를 할 수가 없다. 처음 만난 사람일수록 상대방 말을 잘 들어줘야 한다. 상대가 내 말을 얼마나 잘 들어 주느냐에 따라 인간관계가 형성되기 때문이다.

대화란 서로 소통을 하는 것이지 일방적인 것은 없다. 상대방의 말을 경청할 때는 맞장구도 쳐주면서 잘 듣고 있다는 표현을 해줘야 한다. 무조건 듣고만 있다고 잘 듣는 것이 아니다. 상대의 말에 호응을 해 주는 사람이 듣기를 잘하는 사람이다. 절대로 말하는 도중에 끼어들거나 말을 잘라 버리면 안 된다.

지인은 싹싹하고 좋은 이미지로 사람들에게 인기가 많다. 그런데 대화를 하다 보면 문제가 생긴다. 다른 사람이 드라마 이야기를 하고 있는데 끼어들어 '복면가왕' 이야기를 했다. 이야기를 듣고 있는 사람도 말하는 사람도 황당하기는 마찬가지였다. 먼저 이야기를 꺼낸 친구는 자기의 말이 잘렸기 때문에 기분이 나쁘다. 말을 잘라버린 친구는 대화의 매너가 부족한 사람이 됐다.

누구나 이럴 때가 있을 것이다. 상대가 이야기를 하는 도중에 연예인이나 드라마가 생각나는 경우가 있다. 하지만 그런 상황에서도 누군가 말을 하고 있을 때는 참고 기다렸다가 말이 끝나면 말해야 한다. 말을 할 때 자르거나 끼어드는 것도 습관이다. 나쁜 습관을 알고 고치려고 하면 다행이지만 그렇지 않으면 대인관계는 어려워진다. 내가 말하고 싶은 내용이 있어도 상대방이 이야기를 하고 있으면 기다려주는 배려가 필요하다.

그리고 상대방의 말을 할 때는 머리도 끄덕여주고, 눈도 마주치고,

네 말이 옳다는 표현을 해 주는 것이 별것 아닌 것 같지만 대화에서는 중요하다. 한마디로 당신 말에 집중하고 있다는 뜻이다.

나름 말을 잘한다는 L여사는 어디를 가도 자기가 앞장서서 말도 하고 일도 해결해야 하는 사람이다. 그 사람의 단점은 자기 의견에 따라주지 않으면 화를 내고 심통을 부린다는 것이다. 대화를 해도 자기 말만 들어주기를 바라고 상대방 말은 전혀 듣지 않는다.

그러면서 스스로 말을 잘한다고 생각한다. 말을 잘하고 못하고는 스스로가 평가하는 것이 아니라 듣고 있는 사람이 평가하는 것이다. 말을 잘한다고 해도 상대방이 들었을 때 기분이 나쁘거나 자기주장만 하는 사람의 말은 좋아하지 않는다. 그런 사람은 대인관계를 제대로 못한다는 것을 보여주는 셈이다.

말이란 우겨서 이기는 것이 아니라 자기 생각을 정확하게 말하고 상대를 설득시키는 것이다. 소통하지 못하는 대화는 대화가 아니라 일방적인 혼잣말이다. 말을 끊는 것도 습관이고 상대방의 말에 경청하지 않는 것도 말을 할 줄 모르는 사람의 행동이다. 사람과의 관계가 좋아지려면 말을 잘하는 것도 중요하지만 말을 잘 들어주는 것이 더 중요하다. 끝까지 들어주고 자기 생각을 말하는 대화 방법을 익힌다면 훨씬 말을 잘할 수 있다. 상대를 인정해 주고 배려하는 대화야말로 진심이 통한다. 어디를 가나 말로 인한 분쟁으로 머리가 아픈 세상이다.

얼마 전에 말을 전달하는 과정에서 자기 말만 해서 오해가 생긴 일이 있었다. 말을 전달할 때는 전후 사정을 이야기해야 하는데 앞뒤 다 잘라버리고 결론만 말해서 여러 번 낭패를 본 경험이 있다.

말을 전달할 때는 상대방에게 오해의 소지가 없도록 생각을 해보고 전달해야 한다. 들은 그대로 전달을 못 할 거면 다른 사람에게 옮기지를 말아야 한다. 말을 전달하게 될 때는 자기 생각과 감정까지 덧붙이면 안 된다. 잘못 전달된 말 때문에 오해가 생겨 큰 싸움이 되기 때문이다.

자기 선에서 해결할 수도 없는 일을 결론만 "이렇게 됐어"라고 한다면 일은 더 커지고 만다. 이런 일은 누구에게나 일어날 수 있는 일이다.

시어머니와 남편 사이에서도 많이 일어나는 상황이다. 남자들의 대화법과 여자들의 대화법이 달라서 생기는 오해다. 저자의 남편은 말을 하면 다 알아들었다고 한다. 하지만 결과를 보면 말도 안 되는 일이 벌어진다.

아들이 중학교 때였다. 집안 대청소를 하면서 아들 방에 있는 오래된 책을 버려 달라고 했더니 새 학기 책도 재활용 쓰레기에 갖다 버렸다. 그 덕분에 아들은 1년 동안 친구들한테 책을 빌려서 공부를 했다. 아들이 "간장 치킨 시켜 놓으세요" 하면 알았다고 했는데 배달 온 것을 보면 양념치킨이 고개를 내밀고 있다. 마트 가서 "사이다 사 오세요"라고 하면 콜라를 사 들고 왔다.

분명히 말을 할 때는 알았다고 하고 갔는데 왜 그럴까? 유심히 관찰을 해보니까 말이 끝나기도 전에 "알았다"는 대답부터 하는 습관이 있었다. 상대방의 말을 끝까지 들어야 하는데 자기 기준으로 판단을 해버리는 것이다. 사람들은 대체로 말하는 것보다 듣는 것을 잘한다는 쪽이 많다. 하지만 그런 사람들도 정확하게 듣기를 하는 것이 아니다. 들은 이야기를 질문하면 내용을 기억 못 한다. 상대방이 말을 할 때는 끝까지 듣고 잊어버릴 수 있는 부분은 메모하는 습관을 가져야 한다.

아무리 좋은 방법도 스스로 노력하지 않으면 소용이 없다.

상대방이 말을 할 때는 하고 싶은 말이 있더라도 끝까지 들어준 뒤에 자기의 의견을 말해도 늦지 않다. 말을 잘하고 싶으면 듣는 습관을 가지고 상대방의 말을 자르지 말고 끼어들지도 않는 사람이 말의 고수이다.

2. 징검다리 역할

옛사람들은 말을 적게 하는 것을 소중하게 여겼다. 왜냐하면 말로 인한 실수를 줄이기 위해서다. 첫째, 할 말은 해야 하지만, 해서는 안 되는 말은 하지 말아야 한다. 둘째, 다른 사람에게 자신을 과시하기 위한 말은 하지 않는 것이 좋다. 셋째, 상대방을 헐뜯는 말 또한 하지 말아야 한다. 넷째, 진실이 아니면 말하지 말고 바르지 못한 말도 하지 말아야 한다. 말을 할 때 이 네 가지를 경계한다면, 말을 적게 하려고 애쓰지 않아도 저절로 그렇게 될 것이다.

요즘 세상은 자고 나면 서로를 헐뜯는 말과 이간질하는 말들이 난무하는 세상이다. 아무 생각 없이 한 말이 다른 사람에게는 큰 상처가 되고 오해가 되어 돌이킬 수 없는 상황을 만들고 만다. 오해는 오해를 부르고 때로는 폭력으로 이어지는 세상이 무섭다. 무조건 입에서 나온다고 다 말이 아니듯이 말을 하기 위해서는 전달을 잘해야 한다.

예쁜 꽃을 봤다고 해도 전달력이 없으면 상대는 꽃을 봤는지 나무를 봤는지 모른다. 말을 정확하게 전달을 잘 해야 오해가 없다. 오해를 살 만한 말은 신중하게 생각해서 내 입장이 아닌 듣는 입장에서 말을 해야 한다.

고등학교 때 가장 친한 친구가 있었다. 둘도 없는 짝꿍인 친구는 저자의 말이면 무조건 들어주고 인정해 줬다. 저자도 친구의 말이면 '콩이 팥'이라고 해도 믿는 사이였다. 그런 친구와 오해가 생기는 사건이 있었다.

시험 기간이면 학교 도서관에서 같이 공부를 했다. 그날도 도서관에서 만나기로 했는데 아무리 기다려도 친구가 오지 않았다. 같은 반 친구에게 소식을 물었더니 수업이 끝나자마자 집으로 갔다고 했다. 저자에게 아무런 말도 안 하고 갔다면 큰일이 생긴 것이 분명했다. 서둘러 집으로 와서 친구에게 전화를 했다. 친구 어머니는 도서관에서 같이 공부하지 않았냐고 물었다. 다음날 학교에서 친구를 만났지만 평소와는 다른 분위기였다. 나중에 안 사실이지만 옆에 있는 친구가 말을 제대로 전달하지 못해서 오해가 생긴 것이다.

도서관에서 공부를 하려면 미리 자리를 잡아야 했다. 먼저 가는 사람이 잡아 놓기로 했는데 언제나 내가 먼저 가다 보니까 자리 잡는 것은 내 몫이었다. 그때 옆에 있던 다른 친구가 매일 너만 자리를 잡느냐고 물었다. 친구는 할 일이 많아서 일찍 못 오니까 내가 맡아 놓는다고 했다. 근데 그 말을 전달한 친구가 "혼자 잘난 척하느라 빨리 못 온다"는 말로 이야기를 바꾼 것이었다. 다행히 오해는 풀려서 친구와는 졸업하는 날까지 단짝으로 지냈다. 어떤 상황이라도 내 말을 믿어주는 친구라고 생각했는데 오해로 잠시라도 불신을 가지게 되어서 마음이 편치 않았다.

말하는 사람이 정확하게 말을 해도 듣는 상대가 어떻게 해석하느냐에 따라서 말은 천당과 지옥을 오간다. 말을 전달할 때는 내가 하고 싶은 말을 하지 말고 들은 그대로만 전하면 된다. 내 감정과 생각이 개입되면 그것은 상대방의 말을 전달하는 것이 아니라 내 말을 하는 것이 된다. 그로 인해 생긴 오해나 갈등은 다툼이 될 수도 있다.

물론 말을 하다 보면 내 감정이 실리는 경우도 종종 있다. 내 감정을 실어서 해야 할 말이 있고, 있는 그대로를 전달해야 하는 말이 있다. 내 감정을 실어도 되는 것은 좋은 말, 칭찬하는 말을 할 때다. 중대한 상황이나 어떤 사람의 인생에 달린 문제에서는 사적인 감정이 들어가는 말은 삼가야 한다. 말은 한순간에 돌이킬 수 없는 상황을 만들어버린다. 될 수 있으면 내가 듣지 않고, 보지 않은 말은 안 하는 것이 현명하다.

상대방과 직접적인 말이 아니라면 말을 아끼는 것도 좋다. 남을 통해서 전달 받는 말은 신중하게 판단해야 한다. 하고 싶은 말이 있다면 직접 가서 보고 말하는 것이 오해의 소지를 없애는 방법이다. "침묵은 금이다"라는 말이 있다. 무조건 입을 다물라는 것이 아니라 생각할 시간을 가지고 말을 하라는 것이다. 내가 하는 말이 과연 해도 되는 말인지, 오해의 소지는 없는지, 상대를 배려하는 말인지 한 번쯤 생각해 보고 말을 한다면 그만큼 실수를 줄일 수 있다. 그리고 내가 듣기 싫은 말이면 상대도 듣기 싫다는 사실을 명심하자.

많은 사람들이 말의 분별력을 잃어가고 있다. 위치의 높고 낮음에 상관없이 말은 조심해야 한다. 말이란 한 나라를 죽일 수도 있고 살릴 수도 있는 큰 힘을 발휘한다.

말하는 사람은 혼을 담아서 말을 했으면 좋겠다. 그러면 오해도 없고 다툼도 없는 세상이 될 수 있다. 말이란 서로가 마주 앉아 얼굴을 맞대고 해도 이해하기에 따라서 달라진다. 왜냐하면 모든 사람들은 자기가 하고 싶은 말만 하고 듣고 싶은 말만 듣기 때문이다.

말은 처음에는 작은 불씨로 시작하지만 여러 사람을 거치면 큰 불이 되어 진화할 수 없게 된다. 말이 한 번 건너올 때마다 말하는 사람들의 감정과 생각이 보태진다. 그래서 출발은 진심으로 했지만 도착할 때는 오해와 다툼으로 변해 있다. 그만큼 중간 역할이 중요하다. 중간 역할을 잘하는 사람이 말도 잘하고 전달력도 뛰어나다.

3. 서로 달라도 함께 빛나는 말

독서모임을 만들어 보자는 취지로 4명이 모였다. 나이도 다르고 생각도 다르지만 한 가지 공통점은 책을 읽는다는 것이었다. 모임의 취지대로라면 좋은 책을 읽고 나서 생각을 발표하는 것인데 어떤 종류의 책을 선택해야 좋을지, 어떤 방식으로 발표를 할 것인지 정하지 못했다. 무슨 일이든 의견이 다르고 생각이 다르다 보면 결론에 도달하기가 어렵다.

저자는 생각이 한계점에 도달하거나 답이 안 나올 때는 멘토인 친구에게 도움을 요청한다. 이야기를 하다 보면 내 의견이 옳은데도 다수가 아니라고 말할 때가 있다. 숫자로 옳고 그름을 결정하는 것은 아니지만 그런 상황이 생길 때도 있다.

멘토인 친구는 다수로만 판단하지 말고 한 사람, 한 사람의 말을 깊이 있게 들어 보라고 했다. 말 속에는 분명히 그래야 하는 이유가 있다는 것이다. 친구의 말을 듣고 나를 들여다보았다. 언제나 이성적으로 판단하고 내 말이 옳다고 생각한 것은 착각이었다. 나의 위치를 이용해서 사람들에게 생각을 강요했을 수도 있다. 권력의 힘에 눌려서 약자들이 무시당하고 의견을 말하지 못 하고 사는 일이 비일비재하다.

대화도 동등한 입장에서 이루어져야 좋은 대화가 된다. 한 마디로 계급장 떼고 말을 할 수 있을 때 소통을 제대로 할 수 있다. 동등한 입장이 아닌 사이에서의 말은 진심이 부족하다. 정작 내가 하고 싶은 말은 그게 아닌데 눈치 보느라 있는 그대로를 말하지 못한다. 나도 그렇게 살아왔다. 내 말이면 사람들이 옳다고 말해 주고 공감해 주는 줄 알았다. 그건 진심이 아니었다. 물론 개중에는 그런 사람도 있겠지만 어쩔 수 없는 상황이 많았다는 것을 알았다.

친구는 항상 내게 나침반 역할을 해 줬다. 길을 잃고 헤매고 있으면 길을 가르쳐주고 말이 넘친다 싶으면 나를 낮추게 해 줬다. 서로 다른 생각을 하지만 함께 빛나는 말로 마무리될 때가 행복하다. 누군가의 말에 무조건 옳다고 해 주는 사람도 문제고 사사건건 아니라고 하는 것도 문제다. 상황에 따라 옳고 그름을 판단할 수 있도록 도와주는 것이 소통을 잘하는 사람이다. 말에 신분이 개입되면 대화 자체가 어렵고 소통이 안 된다. 상대방이 목숨 줄을 쥐고 있는 사람이라면 옳은 대화는 이루어질 수가 없다.

첫 직장을 다닐 때였다. 영어 잡지 출판사라 할 일이 많았다. 매달 우편으로 잡지를 보내야 했고, 대금이 연체된 사람은 직접 찾아가서 수금도 해야 했다. 처음 입사 조건은 수습 기간 동안만 수금업무를 맡고 나중에는 사무실에서 우편업무나 고객카드를 담당하기로 했다. 시간이 흐르고 수습이 지나도 자리는 변동이 없었다. 불만이 있어도 신입이라 말도 못하고 지냈다.

사무실에서 매주 월요일에는 회의를 했다. 직원들의 고충을 듣고 불편한 사항은 없는지 말하는 자리였다. 그런데 막상 자리가 마련되어도 아무도 불만사항을 말하지 않았다. 놀라운 것은 직원들끼리 모였을 때 불평불만이 가장 많았던 사람이 회의에서는 불만이 없다고 말한 것이었다. 당황스럽다 못해 어이가 없었다. 회의가 끝나고 말을 그렇게 바꿀 수 있냐고 따졌더니 사장 앞에서 그런 말을 어떻게 하냐고 했다. 목숨 줄을 쥐고 있는 사람 앞에서 나쁜 이미지로 보이면 불이익을 당한다는 말이었다. 그런 회의는 아무런 의미도 없는데 왜 매주 의견을 듣고자 하는지 이해할 수 없었다. 입장이 그렇다고 해도 옳고 그름을 말할 수 있어야 한다. 의견도 말을 못 하고 일방적인 회의는 취지와 맞지 않다. 결국 나는 할 말을 다하고 회사를 박차고 나왔지만 가족의 생계를 책임지고 있는 사람들은 언제나 불만 속에서 살아야 한다.

사장 앞에서도 내 의견을 정확하게 말하고 일관성있는 태도를 보여야 한다. 소수의 사람들은 대화나 의견을 말할 때 일관성이 없다. 상대방의 비위나 맞추고 상대가 원하는 의견을 말하고 답을 한다. 그러면 그 순간은 상사의 믿음을 살 수 있을지 모르지만 다른 사람들한테는 소신도 없고 일관성이 없는 사람으로 비난받을 수도 있다. 결국에는 믿음을 얻었다고 생각한 상사마저도 그런 사람은 좋게 보지 않는다.

상대방보다 높은 위치에 있는 사람들은 상대가 편하게 의견을 말할 수 있도록 해줘야 한다. 눈치 보는 대화가 계속 이어지는 한 좋은 의견은 나올 수 없다.

평소 알고 지내는 J사장은 직원들과 가족처럼 지낸다. 직원 하나하나의 고충을 다 들어주고 해결해 준다. 회사에 대한 불만사항은 바로바로 시정을 해 준다. IMF로 동종 업계의 회사가 문을 닫았지만 J사장은 살아남았다. 비결은 직원들의 마음을 얻었기 때문이다. 직원은 물론 청소하는 아주머니, 경비 아저씨에게까지 깍듯하게 대했고 진심을 다했다. J사장에게는 한 사람도 하찮은 사람이 없다. 못 배운 사람이라고 무시하지 않았고 모두를 인격적으로 존중했다. 그런 사장이 어려움에 처하자 직원들은 합심하여 위기를 잘 극복했다. 따뜻한 말 한마디는 마음을 열고 어려움을 서로 나눌 수 있게 하는 힘이 된다. 대화를 할 때는 지위와 능력은 다 내려 놓고 열린 마음으로 귀 기울여 들어주는 것이 말을 잘하는 기본이다.

사람 관계에서는 사소한 말로 동지가 되고 적이 되기도 한다. 상대방의 자존심을 지켜주고 배려하는 말을 한다면 깊은 믿음이 생겨난다.

말이란 좋은 화술에서 나오는 것이 아니라 진심에서 나온다. 말만 그럴싸하게 한다고 믿음이 생기는 것은 아니다. 오히려 말만 잘하는 사람은 진실성이 없어 신뢰를 잃을 수 있다. 사람들에게 인기가 많은 사람은 언행일치로 상대방의 신임을 얻는다.

말로써 적을 만들지 말라는 말이 있다. 적이 많을수록 인간관계가 힘들어진다. 사람을 얻는 것은 따뜻한 말한 마디로 충분히 가능하다. 어떤 말은 여러 사람을 얻을 수도 있고 어떤 말은 수십 명을 떠나보낼 수도 있다.

따뜻한 말로 상대의 마음을 읽어주는 사람이야말로 많은 사람을 얻을 수 있다. 스피치를 공부하는 것은 그냥 말을 배우는 것이 아니라 인간관계를 배우는 것이다.

말을 잘하는 것은 요리를 잘하는 것과 비슷하다. 맛있는 요리를 해서 예쁜 그릇에 담아 놓으면 보기만 해도 군침이 돈다. 말도 마찬가지로 아무리 좋은 말을 해도 듣는 사람이 공감하지 않으면 맛이 없는 스피치가 된다. 맛없는 스피치란 알맹이가 없는 말이다. 언행일치가 안 되고 말만 잘하는 사람이 그런 경우이다. 처음에는 그럴싸하게 들리지만 시간이 흐르면 말만 있고 행동은 없다.

말이란 늘 살아있어야 한다. 살아있다는 건 새로운 내용으로 사람들의 가슴에 닿아야 한다는 말이다.

대화를 하면서 가장 중요한 것은 상대의 자존심을 지켜주는 것이다. 상대를 존중해 주면 상대도 나를 존중해 준다. 누구나 존중받고 싶어 하고 인정받고 싶어 한다. 서로를 존중하고 인정하는 대화를 할 때 관계는 한층 두터워진다.

모든 사람이 같은 생각을 하지는 않는다. 생각이 같지 않다는 것을 전제하고 대화를 하면 오히려 쉽게 말이 통할 때가 있다. 대화를 하는 중에 사사건건 시비를 거는 사람이 있다면 이런 방법이 도움이 될 수 있다.

부정적인 사고방식을 가진 사람은 인신공격은 물론이고 대답을 할 수 없게 해서 상대를 난감하게 만든다. 둘이 있는 자리도 아니고 여러 사람이 있다면 화가 나도 자리를 박차고 나갈 수도 없다. 만약 그렇게 행동한다면 책임이 자신에게 돌아온다. 이러지도 저러지도 못할 거라는 계산까지 하고 자기주장만 내세우는 사람을 이길 수 없다. 이런 상황에서 벗어날 수 있는 방법은 그 사람을 인정해 주는 것이다.

듣기 힘든 이야기라도 끝까지 들어주는 것이 좋다. 상대의 장점을 찾아서 칭찬하고 체면을 세워주고 인정해 줄 때 불만은 사라진다. 많은 사람들을 만나오면서 시행착오도 겪고 상대하기 어려운 사람도 많았지만 그런 사람도 존중해 주고 인정해 주면 조금씩 달라지는 모습을 봤다. 상대를 인정하고 존중하는 마음은 서로 다른 생각이 함께 빛나는 말을 만든다.

4. 대화는 배려하고 섬기는 것

아파트 입구에 차들이 줄을 서 있다. 경비 아저씨와 손님이 실랑이가 벌어졌다. 방문객인 손님이 정문이 아닌 후문으로 들어와서 차단기가 올라가지 않는 상황이었다. 아파트 입구에는 외부 차량은 정문으로 들어오라는 문구가 적혀 있었다. 경비 아저씨가 설명을 해도 남자는 무슨 이런 아파트가 있냐고 고래고래 소리를 질렀다. 뒤에는 아파트로 들어가야 하는 차량이 서로 뒤엉켜 움직일 수도 없었다. 경비아저씨의 설득에도 막무가내였다. 결국 뒤에 있던 차량들의 항의에 정문으로 돌아가긴 했지만 지켜보는 사람들은 눈살을 찌푸렸다.

규칙은 지키라고 있는 것인데 시비가 붙는다는 것은 그 사람의 인격이 의심스럽다. 말이란 것은 생각을 하고 하면 실수가 없다. 아무리 이해하기 어려운 일도 한발 물러나서 바라보면 이해가 간다.

지인의 병문안을 갔다. 여러 명의 환자가 있는 곳이라 조심스럽게 들어가서 지인을 만났다. 옆에 누워있는 환자는 내가 들어갈 때부터 전화통화를 하고 있었다. 급한 일이겠지 하고 지나쳤는데 앉아 있는 내내 수다를 떨고 있었다. 옆에 환자들은 얼굴을 찌푸리고 있는데도 자기 말만 했다. 지인에게 저렇게 시끄러운데 어떻게 안정을 취할 수 있냐고 물었더니 익숙해서 괜찮다고 했다. 그 환자는 2개월째 입원하고 있는 터줏대감이었다. 그는 혼자 있는 병실도 아니고 여러 사람이 쓰는 병실에서 자기 집처럼 행동하고 있었다. 공동체 생활에서 지켜야 할 기본이 무엇인지도 모르는 사람이었다. 나만 편하면 되고 나만 중요하다는 생각이 이런 행동을 만든다.

상대를 배려하는 말을 하는 사람은 행동도 배려한다. 병문안을 하고 돌아 나오면서 혹시 내가 모르는 행동으로 누군가가 피해를 입지는 않는지 뒤돌아보는 계기가 됐다.

저자의 조카는 배려가 지나친 사람이다. 그가 두통 때문에 신경과에 입원을 했었다. 중환자들이 많아서 병실에서 밥 먹는 것이 눈치가 보였다. 그는 차마 밥을 먹을 수가 없어 보호자 휴게실에 가서 먹었다. 아무리 다른 사람을 배려한다고 하지만 본인도 환자인데 일부러 그렇게 할 일은 아닌 것 같았다. 공동체 생활에서 다른 사람을 배려하는 마음은 아름답지만 내가 힘들면서까지 배려하는 것은 지나친 행동이다. 남을 의식하지 않는 것도 문제지만 지나치게 의식하는 것도 문제다. 내가 찾을 권리는 찾고 상대도 배려하는 게 진정한 배려다.

어느 선까지 상대를 배려하면 좋을까. 최소한의 예의를 지키는 것이 인간관계의 기본이다. 지인의 병문안에서 본 환자는 배려가 없는 사람이었다. 남을 의식하지 않고 사는 것이 당당하다고 생각하는 사람도 있지만 그런 것을 당당함이라 표현하지는 않는다. 예의 없는 행동을 스스로 합리화하는 것뿐이다. 조카처럼 지나친 배려도 자신을 힘들게 한다.

배려도 습관이다. 어디를 가나 배려하는 사람은 배려만 하고 이익만 챙기는 사람은 이익만 따진다. 배려는 다른 사람의 의견에 귀를 기울이고 수용하는 자세, 즉 열린 마음이 되는 것이다. 자신의 생각에만 갇혀 있으면 배려할 수 없다.

융통성과 관용은 나와 다른 의견도 귀담아듣고 거기에서 가치를 발견하려는 자세다. 내 의견과 다르다고 상대방의 말을 부정하고 설득하려는 사람도 있다. 대화는 서로 주고받는 것이지 일방적인 설득이나 수용이 아니다. 지나치게 자기 의견에만 집착하고 남의 말을 듣지 않는다면 큰 낭패를 볼 수 있다. 물론 요즘 같은 경쟁사회에서 남의 말을 듣고 존중하기란 쉽지 않다. 그럴수록 남의 말을 듣고 존중하는 포용력을 가져야 한다.

저자가 좋아하는 제자가 있다. 배려와 섬김이 몸에 밴 커피 바리스타 강두우 사장은 사람 좋기로 소문났다. 오는 손님마다 강 사장의 배려와 섬기는 마음에 푹 빠진다. 손님에 대한 인사는 기본이고 손님한 사람 한 사람의 눈높이로 친절을 다하는 모습이 참으로 아름답다. 강 사장의 커피에는 정성과 사랑이 담겨져 있다. 커피 맛이 최고로 좋을 수밖에 없는 이유다. 손님들이 편안하게 쉴 수 있도록 배려하고 배웅하는 모습까지 최고다.

그가 커피 바리스타 자격증을 따게 된 사연이 있다. 촌에서 포도농사를 짓다가 FTA 영향으로 힘들어질 무렵 설상가상 뇌경색이 와서 일을 할 수 없었다. 자신에게 닥친 불행을 인정할 수 없어서 고통의 시간도 많이 보냈다. 하지만 살아야겠다는 생각에 인생 2막에 커피 바리스타 자격증에 도전했다. 강원도에서 일 년 동안 찜질방과 김천에 있는 집을 오가면서 커피에 대해 공부했다. 마침내 커피 바리스타가 되었고 김천에 '커피블럭'이라는 간판을 걸었다. 강 사장이 다시 재기할 수 있었던 것은 스스로를 믿었기 때문이다. 그리고 긍정적인 생각, 좋은 말로 복을 불러 왔기 때문이다. 강 사장은 사람의 마음을 읽을 줄 알고 아낌없이 베풀 줄도 안다. 장사를 하면 이익을 추구하는 것이 정상이지만 강 사장은 남에게 베풀기 좋아하고 나누기를 좋아해서 '커피블럭'에는 언제나 좋은 사람들로 붐빈다.

강 사장도 처음부터 배려심이 있었던 것이 아니었다. 뇌경색이라는 큰 아픔을 겪고 나서야 세상이 달라 보였다. 자신을 낮춤으로 인해 다른 사람이 행복해하고 즐거워하는 모습을 보자 배려하는 마음이 생겼다.

배려심도 하루아침에 생기는 것이 아니다. 자신을 돌아보고 마음을 다스릴 줄 아는 사람이 배려도 하고 남을 섬길 줄도 안다. 삭막한 세상에서 남을 섬기고 배려하는 강 사장 같은 사람이 있어 행복하다. 사람이 사람을 섬긴다는 것만큼 어려운 일도 없다. 서로 모르는 사람들과 만나서 이익을 따지는 일이라면 더욱 그렇다. 그러나 사람을 섬길 줄 아는 사람들은 뭔가 특별한 느낌이 든다. 배려하고 섬긴다는 것은 모두 마음에서 우러나오는 것이다. 자신을 낮추면서 손님을 높여주는 강 사장이야말로 자신을 높일 줄 아는 사람이다.

배려와 섬김은 상대와 나 사이의 벽을 없애는 것이다. 상대방의 말에 옳고 그름을 따지기에 앞서 귀를 기울여 들어보고 말을 해도 늦지 않다. 사람들은 말을 하고 있는데도 자기 생각과 다르면 끼어들어 말한다. 자기 의견과 맞지 않아도 다 듣고 난 뒤에 의견을 말하는 배려심이 필요하다. 사람들의 심리가 말을 듣기보다는 하는 쪽을 좋아해서 기다려 주지를 못한다. 상대를 섬기고 배려하는 사람이 말도 잘한다.

사람과 사람 사이에 대화만큼 중요한 것이 없다. 세상은 발전해 가는데 우리의 말과 마음은 제자리걸음 수준이다. 말의 수준을 높이려면 제대로 말하는 방법을 알아야 한다. 내 말이 상대를 움직이게 하는 말인지 아니면 상대와 멀어지는 말을 하는지 한 번 쯤 되짚어 보는 시간을 갖는 것도 괜찮다. 잘못된 말 습관이 있으면 고쳐야 한다. 마음을 읽을 수 없는 말을 하고 있다면 어떤 말이 상대를 배려하는 말인지 알아야 한다. 사람들과 원만한 관계를 유지하는 데는 말이 가장 중요하다.

요즘은 단톡방이 유행이다. 무슨 모임만 있으면 단톡방을 만들어 이야기꽃을 피운다. 함께 공유하는 장소가 있어 좋기는 하지만 잘못하면 오해가 생길 수 있다. 서로 얼굴을 마주하고 대화를 해도 오해가 생기고 이해하기 어려운 말들이 많다. 하물며 SNS에서의 말은 더욱더 조심해야 한다. 그리고 일대일로 하는 대화가 아니므로 신중해야 하고 말을 함부로 해서는 안 된다. 말 한마디가 누군가에게는 상처를 줄 수 있고 돌이킬 수 없는 결과를 초래할 수도 있다. 온라인상에서 하는 말은 확실한 정보와 다른 사람에 대한 배려를 기본으로 갖추고 있어야 한다. 나 한 사람의 문제가 아니라 전체의 문제가 되기 때문이다.

좋은 취지로 만난 인연들이 오해하고 싸우는 일들이 생긴다. 내 생각만 강조하지 말고 상대를 섬기는 마음, 배려하는 마음으로 대화를 한다면 공감과 소통을 이끌어 낼 수 있다.

사람과 사람을 이어주는 데는 말이 최고다. 말 중에서도 상대를 섬기는 말, 배려하는 말이 최고다.

5. 말에 멍든 아이들

집 바로 옆에 고등학교가 있다. 쉬는 시간이나 점심시간이면 아이들 소리로 시끌벅적하다. 쉬려고 누웠는데 아이들의 거친 말과 욕설에 정신이 확 들었다. 친구에게 말하는 것 같은데 욕으로 시작해서 욕으로 끝나는 말이었다. 철부지 초등학생도 아니고 고등학생 입에서 나오는 욕설은 듣기도 민망했다. 저렇게 욕을 해야 할 만큼 상대방이 심각한 잘못을 했는지 모르겠지만 아무리 화가 나도 친구에게 입에 담을 수 없는 욕을 하는 것은 이해할 수 없었다.

어느 날 볼일이 있어 다녀오는 길에 어디선가 고함 소리가 들렸다. 습관적으로 소리 나는 쪽으로 고개가 돌아갔다. 30대 중반의 엄마가 어린아이를 큰 소리로 꾸짖고 있었다. "바보 같은 놈, 병신 같은 놈, 이 ××, 저 ××…"

도로 한복판에서 엄마가 할 소리는 아니었다. 지나가던 사람들도 힐긋힐긋 쳐다보고는 수군거렸다. 아이가 잘못을 했으면 얼마나 큰 잘못을 했기에 저렇게 심한 욕설을 하는지 알 수가 없었다. 고개를 숙이고 눈물을 뚝뚝 흘리고 있는 아이가 안쓰러워 가슴이 아팠다.

아이가 받을 상처를 생각하니 마음이 편치 않았다. 사람들이 하나 둘 몰려들자 욕을 하던 엄마는 아이의 손을 끌고 가면서 계속 험한 말을 했다. "너 집에 가서 보자. 맞아 죽을 줄 알아" 사라져 가는 모자의 뒷모습을 보면서 어른이라는 것이 부끄러웠다.

아들이 초등학교에 입학하던 해에 학교 앞에서 문구점을 한 적이 있었다. 같은 또래 중에 말만 하면 욕을 하고 폭력을 휘두르는 아이가 있었다. 지각은 기본이고 어른이 타일러도 들은 척도 안 했다.

어느 날 그 아이가 스님과 함께 문구점에 왔다. 스님은 아이가 원하는 장난감도 사주고 학용품도 사주었다. 아이는 스님에게 '아빠'라고 불렀다. 순간 당황했지만 아이가 아빠라고 부르면서 웃는 모습이 행복해 보였다. 그런데 엄마라는 사람이 나타나서는 내뱉은 첫 마디가 입에 담을 수도 없는 욕이었다. 엄마는 아이에게도 욕을 했고 스님한테도 욕을 했다. 아이는 중간에서 안절부절 못 하고 떨고 있었다. 엄마는 계속 아빠와 아이에게 욕을 퍼부었다. 아빠 또한 엄마에게 욕을 하면서 싸웠다. 집안 사정이야 알 수가 없었지만 아이가 지켜보는 앞에서, 욕을 하고 싸우는 부모를 보니 아이의 생활을 알 것 같았다.

문구점에 있다 보면 부모의 모습에서 아이가 보일 때가 있고 아이의 모습에서 부모의 모습이 보일 때가 있다. 자식은 부모를 보고 배운다는 사실이 틀리지 않아서 씁쓸했다. 거리에서 싸움을 하고 있는 부모의 모습을 보고 아이는 무슨 생각을 할까. 나는 어른이 되면 부모를 닮지 말아야지 라는 생각을 할까. 아니면 나는 왜 이런 부모 밑에 태어났을까 하고 비참한 마음이 들까. 아이의 힘든 생활을 엿보는 것 같아 마음이 편치가 않았다.

열 달을 뱃속에서 함께 했고 세상 밖으로 나올 때도 함께 고통을 겪은 엄마와 자식이다. 그날의 감동을 기억한다면 아이에게 함부로 말을 못 한다. 아이들은 태어나서 제일 먼저 엄마의 품에 안긴다. 이 사람이 엄마고 나를 보호해 줄 사람이구나 하고 안심을 했을 것이다. 천사 같은 엄마의 모습은 온데간데없고 악마의 모습으로 기억한다면 아이는 슬픈 삶을 살아야 한다. 집에서 키우는 개도 주인이 귀하다고 아껴주면 밖에 나가도 대접을 받는다. 하물며 내 자식을 개보다 못한 취급을 하면 자식은 어딜 가도 대우 받지 못하고 기를 펴고 살 수도 없다.

부모마다 자식 키우는 방법이 있고 생각이 있다. 이왕이면 좋은 말과 칭찬하는 말을 해 준다면 얼마나 좋을까. 부모들은 자식들을 '애물단지'라 부른다. 애물단지란 사전적 의미로 일찍 죽은 아기를 단지에 넣어서 묻었다고 아기 무덤을 애물단지라고 했다. 우리는 부모 속을 썩이는 자식을 보고 '애물단지' 혹은 '원수 같은 자식'이라고 한다. 내가 낳은 자식이지만 부모들의 말 한마디가 아이들에게 얼마나 상처를 주는지 부모들은 알고 있을까.

부모들이 아이들에게 자주 하는 말 가운데 이런 말이 있다. "너도 나중에 시집가고 장가가서 꼭 너 같은 자식 낳아서 키워봐라"라는 말이다. 하지만 부모가 자식에게 할 말은 아닌 것 같다. 비록 자신들은 그렇게 살았어도 내 자식만은 착하고 예쁜 아이 낳아서 행복하게 살라는 말을 해 주는 것이 부모의 마음이다. 자식이 조금 부족하더라도 긍정적인 말과 칭찬을 아끼지 않는다면 아이들도 잘하려고 노력한다.

지금이라도 늦지 않았다. 부모가 바뀌면 아이들도 바뀐다. 아이들은 부모가 믿는 만큼 자란다. 긍정적이고 칭찬하는 부모 밑에 자란 아이와 부정적이고 욕을 하는 부모 밑에서 자란 아이들은 분명히 다르다. 자식에게 욕을 하면 자식은 또 자기 자식에게 욕을 한다. 말도 대물림이 될 수 있다. 부모부터 고운 말, 좋은 말을 한다면 아이들은 저절로 보고 배운다. 좋은 말도 습관이고 나쁜 말도 습관이다. 행복을 부르는 말을 하는 사람이 말을 잘하는 사람이다.

6. 향기로운 말

요즘 TV는 방송 채널이 얼마나 많은지 보다 보면 넘쳐나는 정보로 판단이 흐려진다. 자기만의 주장과 생각들이 주를 이루고 있는 방송은 될 수 있으면 피하고 있다.

패널들이 무슨 음식이 좋다고 하면 우르르 몰려갔다가 어느 순간 몸에 조금이라도 안 좋다는 말이 돌면 아예 음식 자체가 매도될 때도 있다. 무슨 말이든 일관성이 없는 말은 신뢰할 수 없다. 다른 사람의 의견도 중요하지만 자기만의 생각과 일관성 있는 행동을 할 수 있어야 한다. 어디를 가나 말하는 사람은 많고 말은 넘친다. 하지만 정작 듣고 싶은 말이 없다는 것은 안타깝다. 누군가의 가슴에 감동을 안겨주는 내용, 따뜻한 세상 이야기. 그런 말들이 넘쳐나면 좋으련만 들으면 화나고 희망 없는 이야기들만 가득하다. 상대를 존중하고 배려하는 말보다 남을 험담하고 헐뜯는 말이 난무한다. 정의로운 말도 이익을 위해서는 순간 돌변한다. 누가 옳고 그름을 떠나서 서로를 존중하는 말이 넘치는 세상이 되었으면 좋겠다.

그런 의미에서 조선시대의 재상 황희 정승의 말이 그리운 요즘이다.

노비 두 사람이 서로 자기 말이 옳다고 하소연을 하고 있었다. 황희 정승은 첫 번째 노비에게도 "네 말이 옳다"고 말해 주었고 두 번째 노비에게도 "네 말도 옳다"고 말해 줬다. 이것을 지켜보던 안방마님이 누구 하나는 잘못했는데 어찌 "모든 말이 다 옳습니까?"라고 묻자, "당신의 말도 옳소"라고 했다. 옳고 그름을 떠나서 상대의 입장이 되어서 말을 들어주는 지혜야말로 말을 잘하는 사람의 덕목이다.

자기 입장만 옳고 남의 입장은 전혀 고려하지 않는 세상에서 황희 정승의 일화는 교훈으로 다가온다.

말을 논리적으로 잘한다고 해도 상대방의 말을 무시하는 사람에게는 따르는 사람이 없다. 대통령 탄핵인용과 중국의 사드보복, 국내외의 여건은 기본적인 소통이 되지 않아 일어난 결과이다. 누군가의 잘못된 말과 행동이 엄청난 파장을 가져온다. 사람들은 자기와 생각이 다르고 같은 편이 아니면 적이라고 생각하는 마음부터 버려야 한다. 그런 생각은 서로를 불신하게 만든다. 좋은 말씨를 뿌리면 좋은 열매가 열리고 나쁜 말씨를 뿌리면 나쁜 열매가 열리는 것이 인지상정이다.

젊은 시절 황희 정승이 길을 가다가 어느 농부에게 물었다. "황소와 검은 소 중 어느 소가 더 힘이 세오?" 농부는 가까이 와서 귀에 대고 말했다. "검은 소가 더 힘이 셉니다" 황희가 말했다. "왜, 귀에 대고 소근거리오?" 그러자 농부가 말했다. "짐승이라도 서로 비교되는 것은 싫어하지 않겠습니까?" 황희는 그 말에 깊은 감명을 받았다고 한다.

우리는 비교하는 것을 가장 싫어한다. 특히 배우자를 비교하는 사람들이 많다. 옆집 남편은 자상하고 돈도 잘 벌어다 주고 여행도 잘 가는데 당신은 뭐냐고 말을 한다면 아무리 성인군자라도 남편의 입에서 좋은 말은 안 나온다. 오히려 자존심이 상한 남편은 "그러면 옆집 가서 잘해 주는 남자와 살아라" 하고 소리를 지른다. 또 남편은 옆집 아내와 비교를 한다. 옆집 여자는 예쁘고 살림도 잘 하고 능력도 있어

돈도 잘 벌어 온다는데 당신은 왜 그 모양이냐고 한다면 아내는 자존심이 상할 대로 상해서 싸움을 하게 될 것이다.

비교는 자존심을 상하게 하는 원인이 된다. 그런데도 순간 자기감정을 조절하지 못하고 마음속에 있는 마지막 말까지 다 해 버린다. 화가 나고 기분이 상해도 상대방의 자존심은 지켜줘야 한다. 다른 사람과 비교하는 말도 하면 안 된다.

특히 아이들을 두고 비교하는 엄마들이 있다. 그것만큼 위험한 일도 없다. 한창 자라는 아이에게 꿈을 빼앗는 비교의 말은 절대로 하지 말자. 아이의 있는 그대로를 봐주는 것이 중요하다. 자칫 잘못하는 순간 아이와 돌이킬 수 없는 관계가 된다. 사람들은 표현 과정에서 항상 실수를 하고 후회한다. 잘못된 표현도 문제지만 표현을 할 때 못해서 오해가 생긴다.

마음이란 표현을 안 하면 모른다. 가슴을 뒤집어 보여줄 수 없기 때문이다. 말만 잘 표현하면 충분히 상대를 설득시킬 수 있다. 말은 곧 자신이기 때문이다. 말 한마디로 자신의 마음을 표현해야 할 순간들이 많다.

정치인은 정치적 목적을 위해, 경제인은 이익을 남기기 위해 일반인은 자신의 발전과 가정의 행복을 위해 말을 갈고 다듬어야 한다. 현실은 냉혹하다. 말 한마디 실수로 높은 자리에서 내려오기도 한다. 자고 일어나면 사건·사고가 기다리고 그에 관한 말들로 도배되는 세상이다.

아무리 중요한 말도 너무 길게 하면 지루하고 전달력도 설득력도 낮아진다. 말은 짧게 하면서 결론을 먼저 말하는 것이 중요하다. "언젠가 내가 보았는데"라는 말보다, "지난 1월 중이었습니다"라는 말이 설득력 있고 명쾌하게 들린다. "아까 말했다시피"라는 말보다 "조금 전에 말했다시피"라는 말이 품위 있게 들린다.

말은 몸과 마음이 함께 움직여야 향기를 낸다. 향기가 많이 나는 꽃일수록 나비와 벌들이 많이 모여들듯이 일상적으로 사용하는 말에도 아름다운 꽃과 같은 향이 날 수 있다. 하지만 사용법에 따라 잘못 사용하면 악취가 날 수도 있다. "너 그렇게밖에 못해?", "너는 왜 항상 그러니?"와 같이 남에게 상처를 주는 말은 악취를 낸다. 잘못된 말이 사람에게 미치는 영향을 안다면 말은 쉽게 내뱉으면 안 된다.

지금은 말이 세상을 지배하는 시대이다. 불과 몇 십 년 전만 해도 말보다는 글로써 모든 것을 전달하는 시대에 살았다. 우리나라는 유교사상이 바탕에 깔려 있어 예로부터 말을 많이 하는 사람은 가벼운 사람이라고 멀리했다. 글을 잘 쓰는 사람은 선호하여 글로써 사람의 마음을 사로잡았다. 반면 고대 그리스는 어떤가? 소크라테스, 아리스토텔레스 등 유명한 철학가이자 웅변가들이 시민광장에 사람들을 모아 놓고 열띤 토론을 하고, 멋진 말로서 사람들의 마음을 사로잡았다.

우리의 현실은 어떤가? 말하기 교육은 아직도 걸음마 수준에 불과하다. 글로벌 시대로 들어서면서 사회도 변화하고 있지만 정작 초, 중, 고 교육은 주입식 교육으로 오직 상위권의 대학에 들어가는 것에만 집중되어 있다. 저자가 어릴 때도 말하기 교육을 받지 못했다. 지금의 교육 상황도 크게 달라진 것이 없다.

그나마 요즘은 부모들이 스피치 교육의 중요성을 알고 상담을 많이 해온다. 하지만 공부과목이 우선순위가 되다 보니 스피치의 중요성을 알면서도 배우지 못하는 아이들이 더 많다. 영어공부는 조기 유학도 보내고 미리 교육을 시키지만, 우리말에 대한 관심은 별로 없다. 아이들이 자라서 유창한 영어 실력은 가질지 모르지만 우리말에 자신감이 없어서 말을 못 한다면 무슨 소용이 있겠는가.

'말 한마디로 천 냥 빚을 갚는다'라는 말은 옛말이 되어 버린 지 오래다. 말을 잘못했다가는 어떤 봉변을 당할지 모른다. 실수를 실수로 받아주고 감싸주는 사람이야말로 스피치를 잘하는 사람이다.

잘못된 말을 해도 이해해 주고 감싸주는 말이야말로 향기로운 말이다. 좋은 말은 사람을 얻고 나쁜 말은 사람을 잃는다. 말의 소중함을 아는 사람이야말로 향기가 나는 사람이다. 나부터 향기 나는 말을 한다면 내 말을 듣는 사람도 향기 나는 말을 전달하게 된다. 그렇게 되면 온 세상이 아름다운 말, 향기 나는 말로 넘치게 될 것이다.

7. 꿈을 키우는 말

아들이 고3 때의 일이다. 모 방송국에서 특집으로 '개천에서 용 찾기'라는 것을 보고 있던 아들의 얼굴이 심각했다. 컴퓨터를 하고 있던 나도 자꾸 그쪽으로 눈길이 쏠렸다. 옛날에는 돈이 없어도 똑똑하고 열심히 노력만 하면 출세할 수도 있었기 때문에 '개천에서 용 났다'라는 말을 했다. 하지만 요즘 세상에서 '개천에서 용 나기'는 하늘에 별 따기만큼 힘든 일이다. 얼마나 출세하기가 어렵고 살기 어려운 세상이면 그런 내용을 주제를 선택했을까 하는 생각에 입시생 아들을 둔 엄마로서 가슴이 답답하기만 했다.

소위 말하는 명문대학에는 웬만큼 잘사는 집 아이들이 아니고는 들어갈 수 없다고 한다. 과외며 학원이며 성적을 올리기 위해 쏟아 붓는 돈이 없는 집 한 달 생활비도 넘는다. 명문대 전체 학생에서 몇 명을 제외한 나머지 아이들은 유학파 아니면 특목고를 나온 아이들이란다. 이제는 돈이 용 나게 하는 세상이다. 사회에서 요구하는 인재는 일단 명문대를 나오지 않으면 될 수 없는 것이 현실이다.

이런 세상을 누가 만들었을까. 아마도 내 자식만 최고가 되면 그만이라고 생각하는 어른들이 만들어 놓은 것이 아닐까. 공부도 돈이 없으면 안 되는 세상이 되어 버린 지 오래다. 수많은 아이들이 새벽부터 학교로 학원으로 내몰리고 있다. 물론 내 아이도 예외는 아니다. 아이들은 엄마와 탯줄로 이어지는 그 순간부터 공부에 시달리고 있는지도 모른다.

엄마와 아기의 정신적인 교감이나 가슴으로 느끼는 감성보다는, 영재로 태어나기를 바라는 엄마들의 그릇된 욕심이 만든 세상이다. 요즘은 태교부터 영어로 들려준다고 한다. 공부만을 중요시하는 세상을 만든 어른들로 인해 아이들은 멍들고 영혼은 메말라 가고 있다. 참으로 슬픈 현실이다.

자모회에 가서 들은 이야기가 생각난다. "초등학교 때는 서울우유를 먹고 중학교 때는 연세우유를 먹고 고등학교 때는 건국우유를 먹고 대학을 갈 때는 저지방 우유를 먹는다"라는 농담이었다. 공감 가는 말이라며 함께 웃었지만 마음은 쓸쓸하기만 했다. 명문대 가기란 그저 바람일 뿐이라는 표현을 그렇게 했던 것이다.

그럼에도 불구하고 집안 형편이 어려워도 당당히 명문대에 입학한 학생들도 있다. 그들은 친구들한테 공부에 미쳤다는 소리를 들을 정도로 밤낮없이 공부했다고 한다. 겨울엔 여름옷을 입고 여름엔 겨울옷을 입을 정도로 계절도 잊은 채 공부했다는 재수생의 말은 왠지 처절하게 들렸다. 그토록 죽을힘을 다해 노력한 결과이다. 아직도 그런 학생이 있기에 개천에서 용이 날 수도 있다.

하지만 학생에게 공부도 중요하지만 더 중요한 것이 사람 사이의 나눔과 배려라고 생각한다. 인성은 우리가 평생 살아가는 데 가장 큰 재산이다. 누군가의 작은 실수조차도 너그럽게 받아들이지 못하고 화부터 내는 사람들이 많다. 아무 일도 아닌 것에 예민하게 반응을 하고 성질을 부린다. 어른들 역시도 어릴 때부터 모든 것에 최고여야 한다는 교육을 받았기 때문이다. 갈수록 상대를 이해하고 배려하는 마음은 찾아보기 힘든 세상이 되어간다.

젊은 세대에게 우리 어른들이 해야 할 일이 무엇인가. 사람답게 사는 모습부터 보여주고 사람의 도리를 가르쳐야 하지 않을까. 학교 성적만이 최고라고 믿는 부모들의 생각이 아이들을 바르게 자라지 못하게 하는 것은 아닌지 생각해본다. 나도 아들이 초등학교에 입학할 때는 최고가 되어주기를 기대했던 마음이 솔직히 있었다. 하지만 나의 욕심이 아들을 힘들게 한다는 것을 알았을 때 욕심을 내려 놓았다. 욕심을 내려놓자 걱정도 없어지고 마음이 편해졌다. 나의 욕심이 걱정을 만들고 아들과의 관계를 힘들게 한다는 사실을 알았다.

아들의 인생은 스스로 선택할 기회를 주고 저자는 조력자가 되어주기로 했다. 그날 이후로 아들에게 공부하라는 소리를 해본 적이 없다. 살아보니까 공부보다는 인간 됨됨이가 중요하고 상대방을 존중하고 배려하는 마음이 우선이라는 것을 알았기 때문이다.

처음에는 내 교육 방식이 맞는지 불안하기도 했다. 하지만 아들이 행복해하는 모습을 보니 잘했다는 생각이 든다. 공부 잘한다고 출세하는 것도 아닌데 출세라는 올가미를 씌워 아이들을 힘들게 한다. 이런 사회구조를 어른들은 이제 한 번 생각해봐야 한다. 물려줄 유산도 없는 부모의 입장에서는 공부라도 열심히 하면 잘사는 길이 있다고 생각한다. 누구나 잘할 수 있는 것이 공부라면 왜 어렵다고 하겠는가. 부모의 욕심에 맞추기보다 본인의 적성에 맞는 진로를 정하는 것이 중요하다고 생각한다.

방송이 끝나갈 무렵 아들은 이렇게 묻는다. "10년 후의 리더는 공부 잘하는 사람보다는 인성을 갖추고 남들과 더불어 살아가는 사람이 되지 않을까요?"라고. 백번 옳고 맞는 말이다. 이 세상은 눈에 보이는 것이 전부인 것이라고 말하지만, 보이지 않는 것을 보여주는 것이 네가 할 몫이라고 말했다. 꿈을 가지고 열심히 살아가는 아들에게 꿈을 이룰 수 있다는 희망을 말해 주는 것도 부모의 몫이다.

아들이 원하는 그런 세상이 정말 왔으면 좋겠다. 명문대학이 아니더라도 인정받고 살 수 있는 사회. 공부 때문에 죽음을 선택하는 아이들이 없는 세상이 오리라 믿는다. 출세를 못 해도 자기가 하고 싶은 일을 하고 살 수 있는 사람이 행복한 사람이다.

이 세상의 모든 부모가 바라는 진심은 이것이 아닐까. 이제는 아이들에게 공부보다는 꿈을 찾아주는 말을 하는 어른들이 되어보자. '개천에서 용 찾기'를 하려면 어떻게 사는 것이 용다운 것인가. 즐겁고 행복한 일을 하면서 사는 사람이 진정한 용이다.

8. 마음 읽기

살면서 실수를 안 하고 사는 사람이 몇이나 될까. 중요한 것은 실수를 인정하고 두 번 다시 안 해야 한다. 자기의 실수를 인정하고 고치는 사람이 있는가 하면 알면서도 고치지 않는 사람도 있다. 내게도 그런 실수가 있었지만 누구를 만나느냐에 따라 인생이 달라지기도 한다.

초등학교 때였다. 언니는 형편이 어려워 친정집에 딸린 가겟방으로 이사를 왔다. 어린 조카를 세 명이나 건사하려면 돈을 벌어야 했다. 궁여지책으로 시작한 것이 구멍가게였다. 언니는 하루도 빠지지 않고 새벽시장을 다녔다. 조카들은 어렸고 혼자 장사를 하기엔 일손이 부족했다. 언니를 대신해서 가게를 봐주는 일은 내 몫이었다. 언니가 집안일을 할 때면 혼자 가게를 봤다. 손님이 오면 언니를 부르기만 하면 되는 일이라 어려운 일은 없었다. 그때는 십 원의 가치가 컸다. 십 원이면 과자도 사고 얼음과자도 먹을 수가 있었다. 과자를 마음껏 먹는 아이들이 부러운 내게는 십 원이 귀하기만 했다.

언니가 가게를 봐 달라고 하는 날은 신바람이 났다. 용돈을 받기 때문이었다. 하지만 용돈 십 원으로 내가 가지고 싶은 것을 살 수 없는 날은 언니 몰래 십 원을 더 챙겼다. 처음 십 원을 훔칠 때는 가슴이 벌렁거리고 손이 떨렸다. 한편으로는 돈을 훔쳤다고 생각하니 무섭고 두려웠다. 그러나 처음에는 떨리는 가슴도 몇 번이 반복이 되자 당연하게 느껴졌다. 그러던 어느 날 드디어 일이 터졌다. 언니는 혼잣말로 자꾸만 동전이 줄어든다고 중얼거렸다. 많은 동전 중에서 한 개씩 훔쳤는데 그걸 어떻게 알 수 있을까. 나는 모른 척 시치미를 뚝 떼고 딴청을 부렸다. 가슴은 두근거렸고 금방이라도 언니가 "네가 그랬지"라고 할 것 같아 겁이 나서 숨이 막혔다. 나는 밤마다 심한 악몽에 시달리다가 몸살이 나서 며칠 학교도 못 갔다. 내가 왜 아팠는지 알기라도 하듯 언니는 가게 봐 달라는 소리를 안 했다. 혹시라도 언니가 동전 이야기를 꺼내며 어떻게 해야 될지 한동안 마음 졸이며 지냈지만 끝내 아무런 일도 일어나지 않았다.

언니는 분명히 내가 돈을 가져간 것을 알았지만 묻지 않았다. 어쩌면 내가 말해 주기를 기다렸는지도 모른다. 나는 끝까지 잘못을 인정하고 용서를 구하지 못했다.

언니는 내가 성인이 되었을 때 그때의 이야기를 추억처럼 말했다. 돈이 없어진다고 말했을 때 내가 그랬다는 것을 알았다고 했다. 아무에게도 말을 하지 않고 덮어 준 것은 나를 믿기 때문이었다는 말도 했다. 지금 생각하면 부끄러운 일이다. 용서도 때를 놓치면 안 된다. 언니의 지혜로움으로 잘못을 깨우쳐 주긴 했지만 미리 잘못을 말하지 못한 후회가 두고두고 나를 힘들게 했다.

지금은 십 원짜리 동전이 아무것도 아니지만 내게는 남다른 의미가 있다. 언니는 동생의 철없는 행동을 상처 받지 않고 해결할 수 있도록 말없이 지켜봐 줬다.

조카가 중학교 다닐 때였다. 문구점을 하니까 동전은 크게 신경을 쓰지 않았다. 가족들이 함께 보는 가게라 의심할 이유도 없었다. 그런데 조카의 책상에서 500원짜리 동전이 가득 들어있는 통을 발견했다. 어디서 났느냐고 물었더니 모은 돈이라고 했다. 가게에서 가져온 동전이 아니냐고 묻고 싶은 걸 꾹 참았다. 옛날에 언니는 나를 있는 그대로 믿어줬는데 나는 조카를 잠시라도 의심하고 있었다는 것이 부끄러웠다.

때로는 행동을 말로 들어야 할 때가 있고 마음으로 읽어야 할 때가 있다. 잘못을 알게만 해 주고 믿기로 했다면 굳이 말을 들을 필요도 없다. 마음을 읽고 내가 느끼면 되는 것이다. 실수를 했을 때 언니가 나를 윽박지르고 궁지로 몰았다면 거짓말을 했을지도 모른다. 언니는 말보다는 마음을 읽고 용서를 해 줬다. 조카 역시도 내가 추궁을 했더라면 거짓말을 했을지도 모른다. 말이란 꼭 필요할 때도 있지만 가끔은 마음으로 말을 읽을 수 있는 것도 괜찮을 것 같다. 요즘 같이 말이 넘치는 세상에는 마음을 읽으면 좋겠다. 말이 많아서 어떤 말이 진실인지 모를 때 상대방의 마음을 읽어보는 것은 어떨까.

내게는 여러 명의 친구가 있다. 오랜 세월을 함께 한 친구도 있고 시간과 상관없이 마음이 통하는 친구도 있다. 어떤 친구는 말로써 힘을 주고 어떤 친구는 말은 안 해도 마음으로 위로를 준다. 말을 잘한다고 좋은 친구가 되고 말을 못 한다고 좋은 친구가 안 되는 것은 아니다. 상대방이 처한 상황에 따라 말을 하고 마음을 읽어주는 사람이 멋진 사람이 아닐까. 말을 잘하는 사람을 보면 상대를 배려하고 마음을 읽을 줄 안다. 때에 따라서 말을 해야 할 순간이 있고 마음을 읽어야 하는 순간이 있다. 이런 판단을 잘하는 사람들은 재치가 있다.

우리 아들과 딸은 정반대의 성격이다. 딸은 말로 표현은 잘 안 하지만 엄마의 마음을 읽고 이해를 잘 해 준다. 아들은 마음을 읽기 보다는 말로써 표현을 한다. 말로 위로를 받고 싶을 때는 아들과 통화를 하고 마음을 알아주기를 원할 때는 딸과 이야기한다.

사람마다 성격과 말하는 습관, 방법, 표현이 다르다. 말로 위로를 받고 싶을 때, 그리고 마음을 알아줬으면 할 때 어떤 친구가 있는지 생각해보자. 말보다는 마음 읽기로 인간관계를 맺고 말보다 마음이 통하는 세상을 만드는 것은 자신의 몫이다.

9. 긍정 OK, 부정 NO

스피치를 배우러 오는 사람들의 공통점은 남 앞에 서면 떨리고 말이 안 나온다는 것이다. 거의 90%가 그렇다. 그중에 유독 심한 사람은 오래도록 수업에 적응하기 힘들어 한다. 기억 속에 잊히지 않는 한 사람이 떠오른다. 겨울학기가 거의 끝나갈 무렵 중년의 여자 분이 강의실 앞을 서성거렸다. 무슨 일이냐고 물었더니 스피치를 배우고 싶어서 왔다고 했다. 지금은 학기 중이라 안 되고 다음 학기에 등록을 하라고 설명을 해 줬다. 그런데 한 시간만 강의를 들어보게 해달라고 사정을 해서 승낙을 했었다.

그리고 봄 학기가 시작되자 그가 수업에 들어왔다. 첫 날은 자기소개 시간이었다. 그는 말을 못하고 한참을 서 있었다. 발표를 못해도 괜찮다고 잘 할 수 있다는 내말에 갑자기 눈물을 흘렸다. 그는 시골의 부유한 집에서 태어났지만 딸이라는 이유로 학교를 못 다녔다. 부모의 사랑을 받지 못하고 자란 그는 말을 잃어버렸다. 잃어버린 말을 찾고 싶어 스피치 수업에 참석했다는 말에 가슴이 찡했다. 남들 앞에서 말 한마디 끄집어내는 일이 그에게는 유독 오랜 시간이 걸렸지만 종강이 다가올수록 재미있는 이야기로 많은 사람들에게 웃음을 준 사람이라 오래도록 기억에 남는다.

우리의 말 중에는 긍정적인 말과 부정적인 말이 있다. 긍정적인 말은 상대를 살리는 말이 되고 부정적인 말은 상대를 죽이기도 한다. 말 한마디가 누군가의 운명을 결정한다면 함부로 말을 못 할 것이다. 그리고 부정적인 말이 평범한 인생을 수렁 속으로 밀어 넣기도 한다.

사람들이 모이는 곳에는 말이 넘쳐난다. 어떤 이는 좋은 말로 상대를 즐겁게 하고 어떤 이는 나쁜 말로 상대를 불쾌하게 만든다.

내가 사는 아파트에는 출근길을 기분 좋게 하는 경비 아저씨가 있다. 아침이면 나가는 차량을 향해서 환한 웃음으로 "잘 다녀오십시오"라고 거수경례를 한다. 추운 겨울에도 밖에 나와서 인사를 건넨다. 아저씨의 멋진 배웅을 받고 나오는 날은 하루가 즐겁다. 사람들은 당연한 인사가 뭐 그리 대수롭냐고 말을 한다. 세상에 당연한 것은 없다. 다른 경비 아저씨들도 있지만 일일이 나와서 인사를 하지는 않는다. 아저씨가 하는 인사는 그냥 인사가 아니라 상대를 진심으로 존중하는 마음이다. 주민들에게 인사의 소중함과 말의 힘을 실천하시는 분이다. 별 게 아닌 것을 의미 있게 만들어 주는 아저씨로 인해 나도 사람들을 만나면 먼저 인사를 한다.

친정엄마를 모시고 정형외과를 간 적이 있다. 다리가 불편한 엄마는 사진만 찍어보면 다리가 왜 아픈지 안다고 의사에게 무조건 X레이를 찍어달라고 했다. 의사는 여기가 사진관인 줄 아냐고 퉁명스럽게 대답을 했다. 진료 내내 불친절한 태도가 영 마음에 들지 않았다. 환자의 아픔을 치료해 주는 의사의 배려 없는 말투는 환자를 더 아프게 한다.

딸아이는 태어나서 백일도 되기 전에 병원에 세 번이나 입원을 했다. 아기들은 혈관이 가늘고 약해서 혈관 찾는 일이 전쟁이다. 지켜보는 부모는 애간장이 탄다. 몇 번을 시도했지만 혈관을 찾지 못해 간호사도 나도 지쳐가고 있었다. 자지러지게 우는 아이를 안고 울고 있는 내게 젊은 의사 선생님이 다가왔다. 딸아이를 안아서 달래주면서 마음이 많이 아프시겠다고 위로의 말을 건넸다. 의사는 아이를 아주 편하게 잘 다루었고 덕분에 혈관을 쉽게 찾을 수 있었다. 입원해 있는 동안 가끔 들여다봐 주면서 "금방 나아서 퇴원할 겁니다"라고 격려를 해 주었다. 그분의 말 한마디는 큰 위로가 되었고 두고두고 좋은 기억으로 남아있다.

자신의 말로 인해 상대가 어떤 감정을 느낄지 생각하고 말하는 사람들은 많지 않다. 생각 없이 던진 말에 누군가는 상처를 받는다는 것을 안다면 말을 할 때는 생각하는 습관을 가져야 한다. 이왕 해야 할 말이라면 긍정적인 말로 희망을 주고 행복을 주는 말을 하자.

지인 중에 말만 하면 말꼬리를 잡는 친구가 있다. 들어도 별 문제가 없는 말인데도 그냥 넘어가지 않는다. 처음에는 듣기에 따라 그럴 수 있겠다고 생각을 했는데 알고 보니 말꼬투리를 잡는 습관이 있다. 만나면 즐거워야 할 모임이 지인만 오면 불편해진다. 여러 명이 모이는 자리에서는 자기 말만 옳다고 하는 것도 문제지만 무조건 공감하는 것도 안 된다. 지인은 다른 사람이 칭찬을 해도 말꼬리를 잡는다. 그런 사람을 좋아해 줄 사람은 세상에 아무도 없다.

말로써 갚는 빚이 얼마나 소중한지 모르는 사람들이 많다. 기분 좋은 말을 하는 사람은 긍정적인 삶을 살고 나쁜 말을 하는 사람은 부정적으로 산다. 감정은 전염병과 같아서 기분 좋은 말을 하는 사람 옆에 있으면 즐겁고 행복하다. 긍정적인 말을 하는 사람은 안 되는 일도 되게 하고 부정적인 말을 하는 사람은 되는 일도 안 된다.

백화점에 옷을 사러 갔는데 직원이 "이 옷이 손님한테 잘 어울릴 같은데 한 번 입어 보실래요? 손님은 피부도 하얗고 몸매도 날씬해서 밝은 색깔 옷을 입으면 훨씬 예쁠 것 같아요"라고 말을 한다면 안 사고 싶은 옷도 사고 싶은 마음이 생긴다. 반대로 "이 옷은 아주 비싼 옷인데 입어보실래요?"라거나 "괜찮으면 사실래요?"라고 상대를 은근슬쩍 무시하는 투로 부정적으로 말을 한다면 아무리 예쁜 옷이라도 안 사고 싶다.

긍정적인 말을 하는 사람들의 대화법은 다르다. 상대를 기분 좋게 하고 안 될 일도 되게 하는 능력이 있다. 그런 사람과 대화를 하면 덩달아 기분이 좋아진다. 부정적인 말을 하는 사람은 옆에 있으면 우울하고 기분도 쳐진다.

부정적인 말이 하루아침에 긍정적으로 변하지는 않겠지만 말이 긍정적으로 변하려면 생각부터 바꾸어야 한다. 성격은 바뀌지 않는다. 그러나 생각은 충분히 바꿀 수 있다. 생각이 바뀌면 행동이 바뀌고 행동이 바뀌면 삶을 바꿀 수 있고 운명까지 바꿀 수 있다. 우리의 뇌는 말하는 대로 행동하기 때문에 반복되는 긍정은 습관을 만들고 습관은 인생을 바꿀 수 있다.

만나면 팔자타령이나 하고 하소연이나 하는 사람은 생각을 바꾸지 않는 한 달라지지 않는다. 주변 사람들에게 큰 꿈을 가질 수 있도록 긍정적인 말을 해줘야 한다. 긍정적인 말 한마디가 가족과 친구, 동료에게 희망을 준다는 것을 기억하자.

세계적인 동화작가 안데르센은 처음부터 글을 잘 썼던 것이 아니다. 그의 글을 읽은 사람들은 하나같이 글을 쓰지 말고 다른 일을 찾아보라고 했다. 하지만 안데르센 어머니는 아들이 쓴 똑같은 글을 보고 "잘 쓴다. 감동적이다"라고 격려를 했다. 어머니의 칭찬에 힘을 얻어 동화를 쓰기 시작해서 안데르센의 동화가 탄생했다. 위대한 인물 뒤에는 그들을 키운 격려의 말이 있다. 이제부터라도 긍정적인 말의 위력을 믿고 위로의 말, 격려의 말, 희망의 말을 전하도록 해보자. 긍정이 낳는 말은 희망을, 부정이 낳는 말은 불행을 만든다. 긍정적인 말로 희망전도사가 되어 보자.

10. 소통은 사람이다

　지금 대한민국은 '불통의 시대'라고 말한다. 대통령도, 정치인도, 경제인도, 국민들도 어느 한 군데 소통 되는 곳이 없다. 사람과 사람 사이에는 소통만큼 중요한 것은 없다. 이렇게 중요한 소통을 왜 못하는 걸까? 각자 이익과 욕심 때문이다. 이해도 배려도 없는 세상에서 소통을 바라는 것 자체가 문제가 있다. 소통을 하려면 욕심을 내려 놓고 이해하는 마음이 있어야 한다. 그런 것도 없이 소통을 원한다면 한 공간에서 공생할 수가 없다.

　우리 집에는 세 살짜리 아기가 두 명이나 있다. 아기들이 노는 곳에도 대장이 있다. 서열을 정하려고 해서 정해진 것이 아니라 놀다 보니 아기들 스스로 느낀 것 같다. 아기들도 좋은 장난감을 먼저 차지하려고 싸운다. 그때는 중재에 나선다. 차례대로 가지고 놀아야 한다는 말을 해 주고, 친구에게 양보하고 협동해서 놀아야 한다는 말을 하면 아기들은 질서를 지킨다. 말도 제대로 못 하지만 배려하고 함께 소통해야 한다는 것을 느낌으로 안다. 말도 안 통하는 아기들도 소통방법을 안다. 그런데 어른들은 말도 잘하고 배운 것도 많은데 소통과는 먼 행동을 하고 있다.

　어디를 가도 소통을 잘하는 사람은 뭔가 다르다. 언행일치가 되고 남에게 피해를 주지도 받지도 않는다. 그만큼 자기관리를 잘하는 사람들이다. 자기관리를 못하는 사람들은 말도 함부로 하고 소통과 거리가 멀다. 고집만 내세우고 자기 생각만 옳다고 주장한다. 소통은 혼자 한다고 되는 것이 아니라 서로 믿어주고 인정해 줄 때 이뤄진다. 진심은 상대의 마음을 열게 하고 사람을 움직이게 하는 힘이 있다. 소통을 잘하는 사람은 상황에 따라 말을 들어주고 상대를 존중해 준다. 뜻이 나와 달라도 틀렸다고 따지지 않는다. 나와 생각이 다름을 인정해 준다. 내가 듣기 싫은 말은 상대도 듣기 싫어하는 것을 알고 남을 비방하고 비판하는 말은 하지 않는다. 거짓말, 원망 욕하는 말, 비교하는 말은 불통을 만드는 말이다. 소통을 잘하는 사람들이 쓰는 말은 감사하는 말, 칭찬하는 말, 사랑의 말, 인정하는 말, 고운 말이다. 이런 말을 하는데 소통이 안 된다는 사람은 없다.

말이 안 통해서 답답하다고 말하는 사람들을 관찰해보면 언어표현이 문제다. 말끝마다 남에게 상처 주는 말과 비판하는 말을 한다. 많은 사람들을 만나다 보면 고운 말, 긍정적인 말을 하는 사람이 있는 반면 만나기만 하면 남의 흉을 보기 바쁘고 비판하기를 좋아하는 사람이 있다. 별것 아닌 일에도 흥분해서 여러 사람을 불쾌하게 한다. 어디 가서 누구와 싸운 이야기, 상대방이 실수해서 그걸 따지고 넘어갔다는 이야기 등은 듣고 있는 내내 마음이 편치가 않다. 비판과 비방은 사람의 영혼을 죽이는 말인 동시에 자신도 죽이는 것이다.

소통이 안 된다고 하소연 하는 사람들 중에는 원인을 알고 고치는 사람이 있는가 하면 알면서도 못 고치는 사람도 있다. 화가 나서 하는 말에는 독이 나온다는 말도 있다. 격분한 사람의 침을 채취해서 주사를 놓으면 황소도 죽일 수 있다는 말을 듣고 말의 무서움에 새삼 놀랐다. 우리가 하는 말은 사람에게만 영향이 있는 것이 아니라 식물이나 환경까지 영향을 끼친다. 그만큼 말이 무서운 것이다.

화초를 자식같이 사랑하는 친구가 있다. 더운 여름에는 시원한 바람을 추운 겨울에는 따뜻한 온기로 화초에게 사랑을 준다. 내가 키우다 죽을 것 같은 화초도 친구한테 가면 싱싱한 화초가 되어 있다. 비결이 뭐냐고 물었더니 아침에 일어나면 잘 잤냐고 인사도 하고 책을 읽어도 화초 옆에서 읽고 클래식 음악도 같이 듣는다는 것이었다. 며칠 여행 갈 일이 생기면 화초들에게 여행 갔다 올 테니까 건강하게 잘 있으라는 말도 잊지 않는다.

화초도 칭찬받고 사랑해 주면 싱싱하게 자라고 밉다고 말하면 금방 시들어 버린다. 이 세상에 살아 있는 생명체는 예쁜 말, 칭찬하는 말을 먹고 살아간다. 더구나 생각을 할 줄 아는 사람들에게는 말이 더욱 중요하다.

우리의 뇌는 부정적인 말을 할 때는 몸에 해가 되는 '노르아드레날린'이라는 호르몬이 분비된다고 한다. 말이 신체에도 크나큰 영향을 미친다는 말이다. 긍정적이고 활기찬 생각을 해서 몸에도 긍정적인 에너지가 나오도록 해야 한다. 내가 환자처럼 생각하면 환자가 되고, 건강하다고 생각하면 건강해지고, 성공했다고 생각하면 성공한다. 생각이란 내가 원하는 것을 갖게 해 주는 마법을 가지고 있다.

소통은 사랑이다. 사랑하는 마음이 있으면 자기말만 옳다고 주장하지 않는다. 사랑하면 상대방 말을 하나라도 안 놓치고 들으려고 한다. 모든 사람을 사랑하면 소통은 저절로 이루어진다. 사람들은 자기 말을 인정해 주고 이해해 줄 때 소통이 된다고 느끼기 때문이다.

지인은 유능하고 똑똑한 사람이다. 팀장으로 승진해서 부하직원들과 대화를 하는데 도대체가 통하지 않는다고 답답해한다. 같은 위치에 있을 때는 별 문제가 없었는데 상사가 되고 보니 소통이 안 되는 이유는 무엇일까. 서로 자기 말만 옳다고 생각하고 상대를 배려하지 않는 것에서 문제가 발생된다.

같은 입장일 때는 같은 곳을 바라보기 때문에 소통이 됐지만 다른 위치에 있으면 같은 생각을 할 수 없다. 그래서 소통이 어려워진다. 서로가 소통을 하고 싶다면 상사의 마음, 부하 직원의 마음부터 헤아리는 게 우선이다. 상사로서의 고충을 설명하고 부하직원으로서의 고충을 이해해 주고 서로 아픈 부분부터 어루만져주는 것이 소통으로 한 발 다가가는 길이다. 소통은 세대 차이라고 말하는데 나는 그렇게 생각하지 않는다.

소통은 세대 차이가 아니라 이해 차이다. 상대의 입장에서 들어주고 바라봐준다면 불통은 없다. 자기의 주관적인 입장만 내세우니까 대화가 안 되고 이해도 못 한다. 세상은 자고 일어나면 바뀌고 있는데 생각은 옛날이나 지금이나 달라지는 게 없으니까 소통이 어려운 것이다. 세상이 변하는 것만큼 생각도 같이 변해서 따라가야 한다. 상사라는 이유로, 어른이라는 이유로 무조건 따르라는 말을 한다면 젊은 세대와 소통 할 수 없다.

말은 언제나 생각에서 나온다. 말을 하기 전에 상대방과 안 통할 거라고 생각을 하고 말을 한다면 어떤 좋은 말도 통하지 않는다. 언변이 모자라고 표현력이 부족해도 대화를 잘 할 수 있을 거라고 생각하고 말을 한다면 어떤 말도 통하게 되어 있다. 우리의 뇌는 생각하는 대로 이루어진다. 상대방과 소통하고 싶다면 생각부터 변해야 한다.

지인 중에 말을 참 곱게 하는 사람이 있다. 상대의 말을 잘 경청하고 내용을 자기 기준이 아닌 상대의 기준으로 생각하고 말을 한다. 화나는 일이 있어도 화내는 법도 없다. 그럴만한 이유가 있겠지 라고 생각한다. 비결이 뭐냐고 물었더니 자기를 낮추면 그렇게 된단다. 이론적으로는 맞는 말이지만 사람은 감정의 동물인지라 감정을 다루기가 쉽지는 않다. 좋은 말도, 배려심도, 하루아침에 생기는 것이 아니라 꾸준한 연습을 해야 한다. 상대에게 말을 할 때도 한 번에 안 되면 지속적으로 노력해보자. 상대방도 변한다. 설득을 시켜야 하는데 한 번 해보고 안 된다고 포기하는 사람이 많다. 한 사람을 변화시키는 일이 그렇게 쉬울 것 같으면 불통이라는 말은 없다. 많은 시간이 걸려도 상대를 존중하고 기다리는 마음이 필요하다. 한 번 말을 해서 통하지 않는다고 대화를 끝낼 게 아니라 꾸준히 배려하고 좋은 말을 해 주고 기다려준다면 달라지는 게 또 사람이다. 그런 노력도 안 하고 상대방과 소통하기란 어렵다.

남태평양에 사는 원주민들은 나무의 주변을 둘러싸고 "쓰러져라! 쓰러져라!" 하고 목청껏 외친다고 한다. 그렇게 한 달 정도를 외치면 실제로 나무가 쓰러진다는 것이다. 이 소리를 듣고 말의 힘에 놀라움을 금치 못했다. 현대 사회에서 말하기는 자신을 표현하는 수단이자 상대가 나를 평가하는 기준이기도 하다. 말을 잘하는 사람의 특징을 보면 상대의 마음을 잘 읽을 줄 안다. 자신이 원하는 대로 커뮤니케이션을 하려면 상대에게 효과적인 말을 제대로 구사할 수 있어야 한다.

말이란 위력이 있어서 생각과 행동을 동시에 불러일으킨다. 감정을 자극하여 상대의 마음을 파고드는 힘을 지니고 있다. 행복하고 싶으면 행복한 말을 하면 되고 소통하고 싶으면 소통할 수 있는 말을 하면 된다.

직장 상사들은 부하 직원이 일이 서툴고 어설픈 행동을 해도 못 한다고 부정적인 질책을 하기보다 긍정적인 말로 잘할 수 있을 거라고 칭찬해 주고 기다려주자. 시간이 흐르면 부하직원은 분명히 일 처리를 잘하게 되어 있다.

세대 차이가 나서 소통이 안 된다는 부정적인 말보다는 이해하려고 노력하고 있다는 긍정적인 표현을 해 주자. 내 입장으로 말하지 말고 상대방의 마음을 읽고 이해한다면 소통이 안 된다고 아우성치는 일은 없을 것이다.

지금도 어딘가에서는 불통 때문에 힘들어하는 사람들이 있다. 사람과 소통하는 방법은 사랑하는 것이라는 것을 명심하자.

11. 인생을 바꾸는 말

　살다 보면 말처럼 중요한 것도 없다. 말 때문에 일어난 사건들을 수 없이 봐왔다. 말은 사람을 움직이게 하고 안 되는 일도 되게 만든다. 가능했던 일을 한 순간 물거품으로 만들기도 한다. 때로는 사람을 살리기도 하고 죽이기도 한다. 아픈 사람을 치유하기도 하고 상처를 주기도 한다. 말은 쓰러진 사람을 일으키고 잘나가던 사람을 매장시키기도 한다. 말을 통해 사람을 얻을 수도 있고 잃을 수도 있다. 말처럼 무서운 것이 없다. 말은 싸움의 씨앗이 되기도 하고 화해의 시작이 되기도 한다. 이처럼 말로 인한 일들이 수도 없이 일어나고 있다.

　잘못된 말 때문에 생기는 피해를 없애기 위해서는 긍정적인 힘을 발휘하는 말을 해야 한다. 부정적인 생각을 하고 정확하지 않은 말들을 나쁜 쪽으로 활용을 한다면 사는 게 고통이 된다. 말 중에서도 강력한 힘을 발휘할 수 있는 말들을 찾아서 하는 습관을 들이는 것이 중요하다.

　선한 말을 하면 복이 굴러 들어온다. 돈 안 들이고 말만 잘해도 좋은 일이 생기는데 말에 너무 인색하다. 감사하다는 말, 고맙다는 말, 행복하다는 말, 잘한다는 말, 사랑한다는 말, 괜찮다는 말만 해도 인생이 바뀐다. 스피치의 힘은 대단하다. 긍정적인 말을 하면 자신감이 생기고 적극적인 사람으로 변한다. 아무리 소극적이던 사람이라도 고맙습니다 라는 말을 계속하면 자기도 모르게 적극적인 사람으로 변해 간다. 말은 운동력이 있다. 내가 하는 말의 힘이 행동으로 옮겨져서 사람을 움직이게 한다.

중학교 때의 일이다. 짝꿍이 나만 보면 누구를 닮아 그리 못생겼냐고 놀렸다. 속이 상해서 엄마에게 왜 이렇게 못생기게 만들어 놨냐고 따졌더니 "세상에서 우리 딸이 가장 예쁘고 마음씀씀이가 착해서 앞으로 잘 살 거야"라는 말을 했다. 그 말 한마디는 내 인생을 바꾸어 놓았다. 그 이후로 외모든 일이든 자신감이 생겼다. 엄마의 한마디는 어떤 자리에 가도 당당하고 자존감 있는 사람으로 만들었다.

부족한 사람도 희망적인 말을 들으면 자신감을 가질 수 있다. 칭찬에 인색하지 말고 남이 잘되도록 진심으로 기뻐해 주는 마음을 가지면 다른 사람의 인생을 바꿀 수도 있다. 자기보다 잘난 사람은 시기하고 사촌이 땅을 사면 배 아파하는 세상이기에 기쁨을 함께 나누지 못한다. 어떤 이는 기쁨보다 슬픔을 위로하는 게 낫다는 말을 한다. 슬픔은 내 일이 아니기 때문에 위로가 가능하지만 기쁨은 남이 잘되는 일이라 시기하는 마음이 있기 때문이다.

살기가 힘들고 어려울수록 좋은 말로 위로하면서 살아야 한다. 좋은 말은 나눌수록 빛이 나고 행복하다. 예쁜 말을 나누면 누군가에게는 기적이 일어나고 인생이 바뀐다. 도움 주는 말을 하는 방법은 따로 없다. 내가 하고 싶은 말이 아니라 상대가 듣고 싶어 하는 말을 하면 된다.

말 한마디에 인생이 바뀌는 사람들을 본다. 한국 축구의 영웅이라 불리는 박지성 선수는 무명 시절 다리 부상으로 경기에 출전하지 못하고 있을 때 "정신력이 훌륭하다. 그런 정신력이라면 반드시 훌륭한 선수가 될 수 있다"라는 히딩크 감독의 따뜻한 말 한마디가 인생을 바꿔 놓았다고 말한다.

말 한마디에 인생이 바뀐 이가 어디 한둘일까. 따뜻한 말 한마디의 가치는 그 무엇과도 바꿀 수 없다. 지친 가장에게 "오늘도 수고 많았어요"라는 한마디만 해줘도 힘이 난다. 육아와 살림에 지친 아내에게 "당신이 있어 행복해"라는 말 한마디는 활력소가 된다. 공부하는 아이들에게 "건강이 제일이다. 쉬엄쉬엄 하렴" 이 한마디는 지친 아이들에게 위로가 된다. 이런 말을 하고 사는 사람들은 세상에서 가장 행복한 사람들이다.

이와 반대로 말 때문에 인생이 불행한 사람도 많다. 회사 일로 힘들어하는 남편에게 아내가 허구한 날 바가지만 긁고 잔소리를 한다고 생각해보자. 그 집은 행복할 수 없다. 남편이 피곤하다고 누워있으면 "남들은 쉬는 날 집안일도 잘 도와주고 아이들도 봐주는데 잠만 자냐"고 잔소리를 한다면 남편에게 가정은 쉬는 곳이 아니라 지옥이 된다. 아이들이 게임을 할 때 부모들이 "너는 공부는 안 하고 매일 게임만 하고 앞으로 뭐가 될래?"라고 한다면 아이는 잠시 휴식으로 한 게임을 영원히 할지도 모른다. 집안 살림에 지친 아내가 남편에게 "나 너무 힘들어"라고 한마디 했을 때 "너만 힘드냐? 나도 힘들다"라고 말을 한다면 아내는 남편이 원수 같이 느껴질 것이다.

좋은 남편은 돈을 많이 벌어다 주는 남편이 아니라 아내에게 따뜻한 말을 해 주는 남편이다. 최고의 아내는 남편에게 따뜻한 말로 힘을 주는 아내다. 훌륭한 부모는 자녀에게 유명한 학원에 보내주는 부모가 아니라 좋은 말로 용기와 희망을 주는 부모다.

생각 없이 던진 말에 누군가는 기가 죽고 의욕을 상실한다. 말을 함부로 해서 후회하는 일이 생기지 않으려면 좋은 말, 긍정적인 말을 해야 한다. 지금 영영 헤어지게 되더라도 마지막 말은 후회 없는 말이 되도록 고운 말을 습관화 하자.

아침부터 잠들기 전까지 자기가 했던 말을 정리해보는 것도 좋은 말을 할 수 있는 방법이다.

누구와 대화를 해도 희망의 메시지를 전달하는 사람은 행복한 사람이다. 선한 말을 해서 기적을 만들고 희망을 주는 말을 하도록 노력해야 한다. 세상에는 아름다운 말이 넘쳐난다. 살면서 다 쓰지도 못하고 죽을 수도 있다. 그런데도 나쁜 말로 상대방을 비판하고 상처를 주고 있다.

고운 말에 익숙하지 못했던 사람도 조금씩 연습을 하면 충분히 고운 말이 나온다. 직장에서 가정에서 바른말, 고운 말하는 날을 만들어서 하루만이라도 사랑한다는 말, 용기 주는 말, 칭찬하는 말을 해보는 것은 어떨까. 직장에는 신뢰가 생기고 가정에는 웃음과 행복이 넘쳐난다. 상대가 좋은 말을 해 주기를 기다리지 말고 나부터 변하면 모두가 변한다. 내 말 한마디로 누군가의 인생이 바뀔 수 있다. 그것이 스피치의 힘이다.

제4장

___

스피치는 기술이다

1. 자신감

　스피치를 배우는 사람들은 자신감이 없다. 자신감이 있다 해도 막상 사람들 앞에 서면 말문이 막힌다. 우리의 교육은 읽기, 쓰기가 전부였기 때문이다. 말하는 습관이 안 된 상태에서 발표할 일이 자꾸만 생긴다. 자신감이란 발표할 준비가 완벽하다고 느낄 때 나타난다. 준비된 사람은 스피치를 자신 있게 잘한다. 그러나 준비가 덜 된 사람은 자신감이 없어 변명부터 늘어놓는다. 스피치는 자신감이다. 자신감은 연습에서 나온다.

　처음부터 자신감이 넘치는 사람은 거의 없다. 자신감이 없다고 기죽을 필요는 없다. 자신감은 키우면 된다. 무슨 일이든 늦었다고 생각할 때가 가장 빠르다는 말도 있듯이 자신감이 없다고 포기하면 아무것도 할 수가 없다.

　그럼 어떻게 하면 자신감이 생기고 스피치를 잘할 수 있을까? 나는 잘할 수 있다는 마음가짐이 중요하다. 우리의 뇌는 상상과 현실을 구별하지 못한다. 잘할 수 있다고 속으로 생각하지 말고 말로 나타내는 것이 효과가 좋다. "나는 스피치를 잘할 수 있다"라는 말을 매일 반복하고 연습을 해보면 분명히 자신감이 생긴다. 그리고 조금씩 달라지는 모습을 느낄 것이다. 절대로 속으로 하지 말고 큰 소리로 외쳐야 한다. 내가 하고 싶은 스피치의 주제가 무엇인지 알아야 한다.

예를 들어 아버지 이야기를 하고 싶으면 주제가 아버지다. 처음부터 끝날 때까지 아버지 이야기만 해야 한다. 어떤 사람들은 주제는 아버지라고 말을 해 놓고 어머니 이야기 했다가 할머니 이야기로 중언부언하고 들어간다. 스피치는 주제를 정확하게 말하고 구체적인 사례를 들어서 이야기를 해야 전달력이 좋아진다.

아버지라고 하면 또 그 밑에 소주제가 있을 것이다. 아버지의 구두, 아버지의 모자, 아버지의 사진, 아버지의 지게, 얼마나 많은 소주제가 있는지 모른다. 그중에 하나를 선택해서 이야기를 풀어낸다면 멋진 스피치를 할 수 있다.

스피치도 꾸준하고 반복적인 연습이다. 앞에 나와서 발표할 기회를 자주 가지는 것이 자신감을 키우는 방법이다. 스피치 수업은 이론보다 실기를 위주로 해야만 말하는 실력이 늘어난다. 이론은 동영상으로도 배울 수 있고 책을 봐도 알 수 있다. 그렇지만 책을 보고 이론은 배울 수 있어도 실습을 안 하면 스피치는 소용이 없다.

스피치를 잘하는 사람과 못하는 사람의 차이점은 자신감과 연습이다. 연습만 꾸준히 하면 스피치는 저절로 된다. 할 수 있다는 마음가짐과 자신감이 스스로를 변화시킨다.

수강생 중에 발표만 하라고 하면 가슴이 벌렁거려서 못하겠다는 사람이 있다. 그에게만 생기는 증상이 아니다. 스피치를 배우는 사람들은 두려움과 울렁증을 가지고 있다. 처음부터 말을 잘하려고 생각하면 오히려 말을 못한다. 처음 스피치를 할 때는 자신감이 없다고 표현을 하는 것도 두려움을 없애는 방법이다. 스피치를 배우는 심정이 같아서 다들 공감을 할 것이다. 설사 발표자가 실수를 해도 이해해 주고 말을 더듬거려도 괜찮다는 용기를 준다. 그런 말과 행동들이 앞에 나와서 발표하는 사람에게는 힘이 되고 자신감이 생기는 것이다. 스피치는 하루아침에 달라지지 않는다. 하지만 시간이 가면 달라지는 것이 스피치의 힘이다. 스피치는 논리적인 말보다 가슴이 시키는 말을 하면 자신감이 생긴다. 잘해야 한다는 강박관념은 버리고 내가 가장 하고 싶은 말을 하는 것이 좋다.

주제는 간단하면서 청중들이 공감할 수 있는 내용이면 더 좋다. 주제가 정해지면 키워드 중심으로 원고를 써라. 원고를 쓰라고 하면 사람들은 구구절절 다 쓴다. 그렇게 하면 외울 수도 없고 외우지도 못한다. 간단하게 인지할 수 있도록 중심 키워드만 적어서 발표하는 습관을 길러야 한다. 처음 말떼기가 어렵지 한 번 하고 나면 두 번째는 한결 쉬워진다. 어렵다고 생각하면 할수록 스피치는 더 어렵다. 가족들 앞에서 말을 하듯이 남 앞에서도 자꾸 말하는 연습을 해야 한다. 스피치는 반복된 훈련이다.

저자도 처음 스피치를 배울 때는 가족들 앞에서 하는 것조차 쑥스러웠다. 가끔은 산에 올라가서 연습을 했다. 어쩌다 등산객들과 마주치면 얼른 자리를 피했다. 사람들 앞에서 발표할 시간이 다가오면 여전히 가슴은 콩닥콩닥 떨리고 두려웠다. '내가 잘할 수 있을까. 사람들이 웃지는 않을까'라는 생각을 떨쳐버리지 못했다.

그러나 첫 스피치를 할 때 나를 보고 웃어 주고, 고개를 끄덕여주는 사람을 보고 자신감이 생겼다. '나도 하면 되는구나. 내 말에 귀를 기울여주는 사람이 있구나'라는 생각에 잘 하려고 노력했다. 그렇게 시작한 스피치는 내 인생을 바꾸어 놓았고 지금은 스피치 강사로서 행복하게 살고 있다.

누구나 노력하면 분명히 기회는 온다. 하지만 아무에게나 오지 않고 오직 준비된 사람에게만 온다. 스피치에 자신이 없다고 주눅 들 필요도 없고 말주변이 없다고 한탄할 일도 아니다. 태어날 때 '으앙' 하는 소리만 할 줄 알아도 스피치를 잘할 수 있다. 자신감은 자신을 믿는 데서부터 생긴다.

2. 구체적인 사례

스피치를 어렵게 생각하는 사람들이 많다. 말을 어떤 식으로 해야지 잘할 수 있는지를 궁금해 한다. 청중을 가장 쉽게 이해시키는 방법은 구체적인 사례를 들어주는 것이다. 예를 들어 스피치가 어렵다는 것이 주제라면 왜 스피치가 어려운지 이유를 구체적으로 말해야 한다.

저자는 초등학교 국어 시간에 순서대로 책을 읽다가 내 차례가 되었을 때 앞에 읽은 친구의 내용을 잊어버렸다. 내가 더듬거리는 사이에 선생님이 "넌 책도 하나 못 읽냐"라고 꾸중을 했다. 그 이후로 국어 시간만 되면 주눅이 들고 자신감이 없었다. 어른이 되어서도 남 앞에서 발표하는 게 두려웠다.

이런 식으로 있었던 이야기를 구체적으로 말을 할 때 청중들은 공감을 한다. 꼭 내 이야기가 아니라도 상관없다. 내가 직접 경험한 것이 없다면 다른 사람에게 들은 이야기, 신문이나, 책, 방송, 라디오에서 들은 것 모두 사용할 수 있다. 에피소드를 넣어서 말을 하면 듣는 사람도 말하는 사람도 쉬운 스피치가 된다.

사례를 들어야 한다고 아무거나 들지 말고 상대의 눈높이에 맞추어서 말해 주는 것이 중요하다. 청중들은 '예를 들어서'라는 말에 집중을 잘한다. 어떤 사실을 주장했으면 분명히 거기에 맞는 사례를 들어

줘야 한다. 스피치란 결국에 얼마나 적절하고 재미있는 사례를 제시하는가에 성공 여부가 달렸다고 해도 과언이 아니다. 그리고 토론을 할 때도 마찬가지다.

상대방보다 우위에 서서 토론을 이끌어 가는 사람들은 안건에 대한 사실적 근거를 제시해서 상대를 제압해야 한다. 논문이나 책에서 발췌한 자료, 전문가나 권위자의 말은 신뢰가 있기 때문에 그런 사람들의 말을 인용해야 한다. 토론은 무조건 근거나 정확한 자료를 많이 찾아서 준비를 해야 한다. 누가 '카더라'는 말은 스피치나 토론에서는 절대로 쓰면 안 된다. 사실이 아닌 말로 청중을 설득시킬 수는 없다. 어떤 수치를 말할 때는 정확한 수치를 말해야 한다. 왜냐하면 정확한 수치가 신뢰도를 높이기 때문이다. 직장에서 업무보고를 할 때도 수치를 넣어서 하면 보고의 질이 달라진다.

예를 들면 영업사원이 실적을 올린 수치를 발표하려면 "저는 매일 한 시간씩 두 달 동안 사람들이 많이 다니는 곳에 음료수 진열대를 설치했습니다. 그 결과 매출이 30%나 올랐습니다"라고 말하는 게 좋다. 숫자로 말을 하면 듣는 사람들은 뚜렷하게 기억할 수 있다. 주장하고 싶을 때는 이것을 뒷받침할 구체적인 숫자나 수치를 반드시 말해야 한다. "어제 뉴스에 나왔던데 운동을 열심히 하면 오래 산대"라는 말보다는 "하루에 걷기 운동을 30분만 하면 건강하게 오래 살 수 있어"라고 말하는 것이 훨씬 설득력이 있다.

물론 숫자를 너무 난발해도 청중들은 그 중요성을 느끼지 못한다. 꼭 강조해야 할 숫자만 쓰는 것이 좋다. 연신 숫자로 말을 하면 질려버린다. 스피치는 무슨 말이든 구체적인 사례가 중요하다. 스피치를 하다 보면 중요한 내용을 말할 때가 있다. 내용을 많이 설명하면 청중은 기억을 다 못한다. 사람들이 가장 기억하고 잘 받아들일 수 있는 것은 세 가지 방법이다. 발표를 할 때 한두 가지의 내용으로 말하기는 부족한 것 같고 그렇다고 네 가지 이상은 너무 많다. 세 가지가 가장 적당하다.

스피치를 할 때도 나열식으로 하지 말고 어떤 주제를 가지고 구체적인 사례를 들어주면 청중의 귀에 쏙 들어온다. 예를 들어 장점을 가지고 발표를 하려면 첫 번째 장점이 무엇인지 말하고 구체적인 사례를 들어야 한다. 장점이 친절한 사람이라고 말을 할 때 어떤 친절한 행동을 했는지 사례를 들어줘야 한다. "길을 가다가 짐을 싣고 언덕길을 올라가시는 할아버지의 수레를 밀고 함께 짐을 내려주고 돌아왔다. 비록 몸은 힘들었지만 할아버지를 도와드렸다는 마음에 기분은 좋았다"는 식으로 말해야 한다.

발표를 할 때는 세 가지로 하는 방법을 꼭 기억해야 한다. 세 개 정도의 키워드는 얼마든지 만들어 발표할 수 있다. 세 가지 키워드의 비밀은 여러 가지로 쓰인다. 청중에게 강렬한 메시지를 전달하고 싶을 때도 세 가지 법칙을 쓰면 좋다.

처음 시작을 알리는 오프닝도 아주 중요하다. 어떤 사람은 스피치를 하면 그냥 인사만 하고 본론으로 들어간다. 청중과의 공감대도 없이 들어가는 스피치는 재미가 없다. 청중에게 내가 어떤 말로 시작할 건지 알리는 것이 오프닝이다. 오프닝은 그날 날씨나, 라디오에서 들은 내용이나, 옷차림, 유명한 사람의 명언이나 속담, 고사성어 등을 사용하는데 쉽고 효과적으로 하는 것이 좋다. 클로징도 마찬가지다. 청중이 자신을 뒤돌아보게 하는 내용이나 감동적이고 교훈적인 문구로 마지막 말을 한다면 청중의 기억 속에 오래도록 남는다.

스피치의 주제는 긍정적인 내용이어야 한다. 발표하는 사람이 부정적인 생각이 가득한 스피치를 한다면 청중도 마음이 무거워진다. 일부러 시간 내어 왔는데 부정적인 이야기를 듣는다고 생각하면 시간이 아깝고 후회될 것이다. 저자도 옆에 있는 친구가 부정적인 말만 하는 것은 듣기가 싫다. 만나기만 하면 부정적이라면 다시는 보고 싶지 않다. 청중을 상대로 스피치를 하는 사람은 긍정적인 내용을 전달해야 한다. 사람은 누구나 지금보다 더 나은 미래를 살고 싶고 그런 방향을 찾고 싶다. 비록 현실이 힘들고 앞이 보이지 않아도 누군가 긍정적인 메시지를 전달한다면 원인을 찾아 극복하려고 노력할 것이다. 청중은 이익이 없으면 설득 당하지 않는다. 이럴 때 우리는 왜 그렇게 해야 하는지 필요성을 콕 집어 줘야 한다. 스피치를 잘하려면 매일 10분씩 복식호흡, 발음, 발성을 3개월 동안 꾸준히 연습을 하면 목소리도 좋아지고 스피치도 아주 잘할 수 있다.

스피치를 잘하는 사람은 청중을 즐겁게 해 주는 사람이다.

3. 쉬운 말로 하라

사람들은 스피치를 할 때 청중의 수준 때문에 고민을 한다. 청중의 직업은 다양하고 지식수준도 다르다. 그럼 어떤 기준으로 스피치를 해야 할까? 한마디로 쉬운 말로 해야 한다. 많이 배운 사람들이라 내가 쉬운 말로 하면 강사 수준이 낮다고 생각하지 않을까 라고 생각하는 사람도 있다. 아무리 많이 배운 사람도 자기의 전공분야가 아니면 어려워한다. 그래서 스피치를 할 때는 초등학교 4학년이 알아들을 수 있는 수준이 제일 좋다.

저자는 최근에 인문학 강의를 들었다. 나름 책을 좀 읽었다고 생각하고 강의가 쉬울 줄 알았는데 서양 고전에 대한 인문학이라 그런지 어려웠다. 학교 다닐 때 가장 어려운 과목이 세계사였다. 고전에 나오는 사람들의 이름도 어렵고 솔직히 무슨 말인지 알아듣기가 힘들었다. 아무리 좋은 내용의 강의라도 내가 알아듣지 못하는 강의는 무의미하다. 다른 사람들도 나처럼 이해하지 못한 얼굴이었다. 강사는 청중에게 내용을 이해하겠느냐고 물었고, 질문을 하라고 했다. 아는 게 있어야 질문에 대답을 하지. 대략난감이었다.

강의하는 방법도 강사마다 다르다. 세상에는 3가지 종류의 강사가 있다. 쉬운 것을 어렵게 말하는 사람, 어려운 내용을 어렵게 말하는 사람, 어려운 내용을 쉽게 말하는 사람이다. 어려운 것을 어렵게 말하는 것은 누구나 할 수 있다. 하지만 어려운 말을 쉽게 하는 사람이 말을 잘하는 사람이다. 말은 글과 달라서 한 번 내뱉고 나면 돌이킬 수 없다. 스피치를 하는 사람은 청중이 가장 쉽게 알아듣고 이해하도록 설명을 해야 한다. 지식이 많다고 자랑을 하고 싶은 사람은 영어로 말하고 어려운 단어를 많이 쓴다.

지식이 많아도 청중이 알아들을 수 없는 스피치는 실패다. 감동이 없는 스피치는 청중의 아까운 시간을 뺏는 것과 같다. 사소한 이야기라도 진심으로 상대방이 알아듣도록 말을 해 주는 것이 최고의 강사다.

말을 할 때는 짧고 간결한 문장으로 이야기해야 한다. 어려운 문장을 쓸 때는 쉽게 풀어서 말하라. 스피치는 문어체가 아닌 구어체로 해야 한다. 문어체로 발표를 하면 듣는 사람도 어색하고 전체적인 분위기도 경직이 된다.

문장이 길어지면 발표자도 힘들어진다. 자기가 하던 말을 잊어버리거나 나중에는 헤매게 된다. 문장이 길어지면 호흡 조절에 실패하고 말이 빨라진다. 말이 빠르면 전달력도 떨어지고 신뢰성도 없어진다. 무조건 내용은 쉬운 말로 풀어라. 한자나 영어를 쓰면 유식하게 보일 거라는 착각은 하지 말자. 자기 수준을 높이려고 하다가 오히려 수준이 낮은 사람으로 인식된다.

청중들이 무슨 말을 들었는지 기억이 없다면 강의는 실패다. 강의를 알아듣지 못하는 것은 청중 탓이 아니고 핵심을 집어서 말하지 못한 강사 탓이다. 강의 방법은 핵심적인 내용을 반복해서 들려주는 것이다. 한 번으로 끝낸 핵심 내용은 금방 잊어버린다. 그러나 여러 번 핵심적인 내용을 반복해서 말하면 청중의 기억 속에 오래 남는다.

스피치는 강사의 입장에서 발표를 하면 안 된다. 똑똑한 인재들을 모아 놓고 강의를 한다고 해도 스피치에 대해 모르는 사람은 공포가 된다.

스피치는 첫째, 지식 기준으로 청중을 판단하지 말고 스피치를 알고 모르는 것에 초점을 맞추어야 한다.

둘째, 상대의 눈높이에 맞는 내용으로 스피치를 해야 한다.

셋째, 어려운 부분이나 핵심적인 내용은 반복을 통해 기억 속에 남아있도록 해야 한다.

스피치를 잘하고 못하고는 오로지 내게 달려있다. 아무리 유명한 강사도 청중이 없으면 아무 소용이 없다. 모든 것은 나로부터 시작된다는 것을 명심하자.

4. 입은 하나, 귀는 두 개

래리 킹은 "대화의 제1규칙은 경청"이라며 "당신이 타인의 말에 귀 기울이지 않으면 그들도 당신의 말에 귀 기울이지 않는다"라고 말했다. 경청이야말로 대화의 기본이다.

말을 잘하는 사람은 경청을 잘한다. 상대방 말에 집중해서 어떤 생각을 가지고 있는지를 파악하고 마음을 읽는다. 상대의 생각을 알고 마음을 읽을 줄 알면 대화가 쉬워진다. 듣기와 말하기 중에 어떤 쪽을 잘하냐고 물으면 80%로는 듣기를 잘한다고 한다. 듣기를 잘해서가 아니라 말하는 것이 어려워서 듣는 사람이 많다.

경청은 듣기만 하면 되는 줄 착각하는 사람들이 있다. 두 사람을 짝을 지어 한 사람은 듣는 쪽, 또 한 사람은 말하는 쪽으로 해서 2분 동안 각자의 역할에 충실하도록 했다. 듣는 사람은 아무 말도 하지 말고 무조건 듣기만 해야 한다. 시간이 지나고 경청한 내용을 발표시켜보면 제대로 말하는 사람이 없다. 그나마 몇 사람은 경청한 이야기를 하기는 하지만 자기 생각과 감정까지 덧붙여 말을 한다. 그만큼 듣기가 어렵다. 두 귀로 듣기만 한다고 경청을 잘하는 게 아니다. 상대방의 말을 듣고 대화를 이어갈 수 있는 경청을 해야 듣기를 잘하는 것이다. 상대가 말을 하면 어떤 상황인지 마음까지 읽을 줄 알아야 듣기를 제대로 하는 것이다.

경청을 잘하면 인간관계는 물론이고 정보 수집을 잘할 수 있다. 경청은 곧 정보이다. 저자는 사람들이 모이는 곳이라면 언제나 안테나를 높인다. 지하철이나, 버스 안, 하물며 재래시장을 가도 사람들의 말소리에 귀를 기울인다. 사소한 수다 속에서도 재미있는 내용이 있고 유익한 정보를 발견한다. 많은 사람이 모여 있어도 듣는 것이 우선인 사람은 상대를 파악하기가 쉬워진다.

대화에 귀를 기울이면 생각을 키우는 데 많은 도움이 된다. 생각을 키우면 상대방을 이해하기도 쉽고 대화를 이끌어 내기도 쉽다.

오해와 이해의 차이는 잘 듣고 안 듣고의 차이다. 누군가의 말을 잘 들어주는 것은 관심을 표현하는 것이다. 잘 들어주는 사람을 좋아하는 이유는 존중받고 있다고 느끼기 때문이다.

말하는 입은 닫고 두 귀는 쫑긋 세우고 귀를 기울여보라. 상대방의 언어 속에서 그 사람의 마음을 읽을 수 있다. 마음을 읽으면 자연스럽게 상대를 알 수 있다. 경청이 쉽지 않는 이유는 상대의 말뿐만 아니라 마음을 읽어야 하기 때문이다.

말을 잘하려면 남의 말을 끝까지 들어주는 인내심이 필요하다. 하지만 상대방이 말을 끝내기도 전에 중도에 끼어들고 말을 잘라버린다. 여러 사람이 모이다 보면 유독 다른 사람의 말을 기다리지 못하는 사람들이 있다. 이런 사람은 말에 대한 예의가 부족한 사람이고 경청의 뜻을 잘 모르는 사람이다.

말이란 일방적인 것은 없다. 말을 아주 잘하고 뛰어난 언변가도 혼자 말할 수는 없다. 들어주는 사람이 있어야 하고 대화할 상대가 있어야 존재가치가 빛난다. 자기 말만 하고 듣기를 거부하는 사람은 말을 처음부터 제대로 배우지를 못했다. 말을 해보면 상대의 성격도 보이고 인격도 보이는 이유다.

　말할 때도 예의를 지켜야 하고 경청을 할 때도 예의를 지켜야 한다. 예의가 없는 말은 듣는 사람이 기분 나쁘고, 예의를 못 갖춘 경청은 말하는 사람을 기분 나쁘게 한다. 입이 하나고 귀가 두 개인 이유는 말은 적게 하고 많이 들어야 한다는 뜻이다.

5. 소통의 시작은 인사

　인사는 사람들과 소통의 시작이다. 거창한 말보다 인사 한마디가 인생을 바꾸어 놓는 일도 있다. 월마트의 창시자 샘 월튼은 성공비결이 인사였다고 한다. 그는 학창시절부터 인사를 잘했다. '안녕하십니까?' 이 한마디가 성공으로 가는 지름길이다.

　어릴 때부터 인사하는 습관을 배워야 한다. 저자에게 면접을 배우러 온 H는 인사성이 바른 학생이었다. 부모와 떨어져 조부모 밑에서 자라면서 인사를 배웠다. 어른들을 열 번 만나도 인사를 잘해서 동네에서 소문이 자자했다. H는 그런 영향으로 한국수자원 공사에 당당히 합격을 했다.

　인사는 성공으로 가는 최고의 지름길이다.

　어디를 가도 인사 잘하는 사람을 좋아하고 직장에서도 예의바르고 인사성 밝은 사람을 채용한다. 마트나 백화점에 가면 인사를 정말 잘한다. 친절하게 인사를 잘하는 사람한테는 물건을 팔아주고 싶은 충동을 느낄 만큼 인사의 효력은 대단하다.

　그러나 인사의 중요성을 모르고 사는 사람도 많다. 저자가 아는 사람은 수줍음이 많고 내성적이다. 먼저 인사를 안 하면 절대로 인사 할 줄을 모른다. 성격이려니 하기에는 문제가 있는 것 같았다. 왜 인사를 안 하냐고 물었더니 부끄러워서 못하겠다고 했다. 어릴 때부터 예절

교육을 제대로 받아본 적이 없는 데다 성격조차 소심해서 못하겠다고 했다. 그런데 어른이 되고 사회생활을 하면서 점점 힘들어지고 사람들과 소통하는 것도 어렵다고 했다.

인사를 못하면 사람들과 관계 맺기가 힘들다. 인사 없이 대화는 이루어지지 않는다. 그에게 인사하는 방법을 가르쳐줬다. 매일 거울을 보고 웃는 표정을 짓고 안녕하십니까? 라고 꾸준히 연습하라고 했다. 처음에는 어색해하고 부끄러워했지만 하루 이틀 연습을 하고 내게 오면 먼저 인사를 시켰다. 무뚝뚝한 표정이던 사람이 조금씩 웃기 시작했다.

우리는 웃는 모습만으로 상대방의 호감을 얻을 수 있다. 인사는 돈 안들이고 상대방에게 점수를 딸 수 있는 최상의 비결이다. 인사는 상대에 대한 관심이자 배려이다. 인사는 누구한테든 하는 게 좋다. 인사해서 손해 봤다는 말은 들어 보지 못했다.

저자도 어릴 때부터 성격이 내성적이고 부끄러움이 많았다. 남 앞에 나서는 것도 싫어하고 말을 한다는 것은 더욱 싫었다. 큰언니는 저자가 4살 때 시집을 갔다. 어린 나이라 솔직히 얼굴도 기억에 없다. 부모님이 안 계시는 날 큰언니와 형부라는 사람이 왔다. 반갑다고 인사를 했지만 나는 대답도 못하는 벙어리가 되어 있었다. 내가 방에 있으면 방으로 따라왔고 마루로 도망가면 마루로 와서 말을 시켜도 대답 한 번 못했다. 지금 생각하면 웃음이 나온다.

쑥스러워 하는 성격이 하루아침에 달라지지는 않는다. 그러나 내가 부족하다고 생각할 때는 바꾸려고 노력하면 가능하다. 저자도 길거리에서 선생님이라도 만나면 얼른 숨어버렸다. 친구들 관계도 쉽지 않았다. 내가 다가가지 않는 한 다가와 줄 친구는 없었다. 학교를 졸업하고 직장생활을 하면서 책을 많이 읽었다. 누군가 가르쳐 주지 않은 부분은 스스로 공부를 했다. 남들에게 나서는 방법이 인사라는 것도 알고 소통의 시작이라는 것도 알았다. 혼자서 인사말부터 연습을 했다. 거울을 보고 표정과 웃는 연습도 했다. 취업을 하고 달라지기 시작했다. 그렇게 시작한 인사습관은 내 인생을 스피치 강사라는 타이틀로 바꾸어 놓았다.

인사만큼 사람과 잘 통하는 방법도 없다. 모르는 사람도 인사를 하고 나면 기분이 좋아진다. 인사의 효력은 엄청나다. 만나는 사람이 아이든 어른이든 먼저 인사를 한다.

인사는 상대에 대한 관심의 표현이고 감사의 표현이다. 모르는 사람과 소통을 하고 싶으면 인사를 잘하면 된다. 처음 본 사람에게 인사만큼 마음을 표시할 수 있는 것도 없다. 인간관계가 어려운 사람일수록 인사하는 연습을 많이 해보자. 분명히 달라진다. 어디에서든 인사를 잘 하는 사람이 인기가 많다.

인사를 하는 것은 마음을 열고 상대를 받아들이겠다는 표현이다. 마음을 보여줬는데 싫어할 사람은 없다. 여러분도 소통을 하고 싶으면 인사를 열심히 잘하면 된다. 인사만큼 쉬운 것도 없고 인사만큼 상대에게 관심을 주는 것도 없다. 인사를 많이 할수록 성공할 확률이 높아지고 인간관계도 원만하다. 소통의 시작은 인사다.

6. 예쁜 말은 적금

인간관계를 좋아지게 하는 방법은 감사하는 마음이다. 세상에서 가장 지혜로운 사람은 배우는 사람이고, 세계에서 가장 행복한 사람은 감사하면서 사는 사람이라고 한다.

지인의 어릴 적 이야기다. 가난 때문에 하루 한 끼 먹는 것도 어려운 학창 시절이었다. 그런데 어느 날부턴가 어머니가 하루 여섯 끼의 밥상을 차려줬었다. 생각 없이 신나게 밥만 먹었다. 얼마 뒤 어머니는 돌아가셨다. 어머니는 시한부 선고를 받고 죽기 전에 자식에게 밥이나 실컷 먹이고 싶었던 것이다. 아픈 몸을 이끌고 하루 여섯 끼를 해서 먹였다. 장례를 치르고 어머니가 차려준 밥상이 당연한 게 아님을 알고 뜨거운 눈물을 흘렸다는 이야기다.

누군가에게 받는 사랑이 당연한 거라고 생각하고 있다면 잘못된 생각이다. 세상에는 당연한 것은 없다. 작은 것에도 감사하는 마음으로 살아가는 사람이 행복하다. 칭찬과 감사는 하면 할수록 적금처럼 행복이 불어난다. 그런데도 칭찬하는 것에 인색하다. 잔소리는 잘하는데 왜 칭찬은 왜 못할까?

칭찬을 받아 보지 못한 사람은 칭찬에 서툴다. 저자에게는 두 돌 지난 손주가 있다. 이 녀석은 칭찬받는 걸 아주 좋아한다. 예쁘다고 칭찬하면 예쁜 짓만 한다. 밥을 안 먹다가도 "많이 먹으면 건강하고 멋진 사람이 되지" 하면 한 그릇을 뚝딱 비운다. 음악이 나오면 춤을 추는 게 귀여워서 잘한다고 칭찬을 했더니 음악만 나오면 길거리든 어디든 손잡고 춤을 추자고 한다. 칭찬을 하면 남녀노소를 불문하고 좋아한다. 식물에게도 예쁘다고 말하면 싱싱하게 잘 자란다.

칭찬은 때와 장소도 없다. 눈에 보이는 대로 진심으로 칭찬을 해보자. 칭찬만큼 사람을 행복하게 하는 것도 없다. 저자도 칭찬받는 걸 좋아한다. 저자는 인상이 좋다는 말을 많이 들었다. 그런 말을 들으면 어떻게 하면 좋은 인상을 만들까 생각하고 거울을 보고 웃는 연습을 하게 된다. 누군가의 말 한마디에 더 좋아지려고 노력을 하게 된다. 이것이 바로 칭찬의 힘이다.

병명도 모른 채 일 년을 움직이지 못하고 누워서 있을 때도, 엄마는 매일같이 "우리 막내는 다시 걸을 수 있어. 힘내자"라는 말로 용기를 주고 칭찬을 아끼지 않았다. 그런 희망을 주지 않았다면 지금의 나는 없다. 의학도 포기한 나는 걸었고 칭찬은 기적도 만들어 냈다. 엄마의 한마디는 내 인생을 바꾸어 놓았다. 다리에 대한 열등감이 주눅 들게 할 수도 있었지만 어디를 가도 당당하고 자신감이 넘친다. 엄마의 칭찬은 자존감을 높여주기에 충분했다.

사람들은 빈말이라도 칭찬을 받으면 기분이 좋아진다. 눈에 보이는 칭찬은 누구나 할 수 있다. 그러나 눈에 보이지 않는 칭찬을 해 줄 수 있는 사람이 칭찬을 제대로 할 줄 아는 사람이다. 칭찬을 할 때는 대충 하는 것이 아니라 구체적인 사례를 들어서 칭찬을 해야 한다. "오늘 K씨 양복이 잘 어울려요. 남색 슈트에 하늘색 와이셔츠, 파란 줄무늬 넥타이까지 아주 세련돼 보여요. 패션 감각이 뛰어난 것 같아요"라고 칭찬을 해 주면 기분이 아주 좋아진다. 그냥 멋지다고 하는 말과 구체적으로 하는 칭찬은 다르다. 구체적인 칭찬은 듣는 사람을 행복하게 해 준다.

'멋지다', '예쁘다', '좋다'라는 말은 형식적으로 들린다.

칭찬은 다른 사람 앞에서 하는 게 좋다. 내가 잘한 일을 직접 듣는 것도 기쁘지만, 제삼자로부터 칭찬을 전해 들으면 두 배로 기쁘기 때문이다.

또, 칭찬은 갑자기 하는 것이 좋다. 생각해놨다가 나중에 하지 말고 그때 느낀 점이나 잘한 일을 칭찬해 주면 상대를 기분 좋게 할 수 있다.

아무리 좋은 칭찬도 길게 하면 안 된다. 짧게 하면서 거창한 것 보다 사소한 것부터 칭찬하자. 큰일을 해내면 누구나 칭찬을 한다. 하지만 사소한 일에는 대체로 관심이 없다. 그럴 때 칭찬을 해 주는 게 좋다. 칭찬은 주변에 있는 사람부터 해 주자. 가족, 친구, 동료 그리고 부모보다는 자식을 칭찬해 주는 것이 기분 좋게 한다. 직장에서는 개인보다 팀원을 같이 칭찬하는 것이 바람직하다.

칭찬을 잘하는 사람은 남보다 자신에게 먼저 칭찬을 할 줄 안다. 자기가 잘한 일에 대해서는 스스로에게 보상을 하면 다음 목표는 훨씬 능률도 오르고 목표에 빨리 도달한다. 나를 칭찬할 줄 아는 사람이 남도 칭찬할 줄 알고 칭찬은 하면 할수록 적금처럼 행복이 불어난다.

7. 마음을 얻는 질문법

　질문만 잘해도 대화를 잘할 수 있다. 말을 잘하는 사람은 질문을 지혜롭게 잘한다. 직장생활 2년 차인 P씨는 사람들 사이에서 대화하는 게 어려워 늘 외톨이였다. 여러 사람들과 말을 하려고 하면 머리가 하얘지고 무슨 말을 해야 좋을지 모른다고 했다. 다른 사람들은 재미있게 말도 잘하고 자기표현도 잘하는데 혼자서 꿔다 놓은 보릿자루처럼 앉아 있다. 그는 스스로 말을 못하는 이유가 지식이 부족하기 때문이라고 생각했다.

　물론 지식이나 경험이 풍부하면 도움이 되겠지만 수많은 지식과 풍부한 경험을 다 가질 수는 없다. 누군가와 대화하고 공감대를 형성하는 데 있어서 꼭 지식이 필요한 것은 아니다. 지식이 없어도 재미있게 말하는 사람도 많다. 바로 솔직한 표현과 질문으로 가능하다. 서로 생각이 다르고 관심사가 다른 사람을 파악하기란 쉽지가 않다. 그러나 한 가지 정도의 공통점을 발견 하면 충분히 대화를 할 수 있다. 모르는 부분은 질문하면 말을 하는 데 도움이 된다.

　질문은 어떻게 해야 좋을까. 질문도 개방형이 있고 폐쇄형이 있다. 될 수 있으면 개방형의 질문을 하면 좋다. 한 주가 끝나고 만났을 때 묻는 질문은 비슷하다.

A: 주말에 뭐 했어?

B: 응, 그냥 있었어.

라고 말을 하면 대화는 끝이다. 이런 대화는 폐쇄형 대화다.

상대와 대화를 하고 싶을 때는 이런 질문은 하면 안 된다. 그럴 때는 개방형 질문을 해야 한다.

A: 주말에는 무슨 일을 하고 보냈어?

B: 친구들과 금오산을 다녀왔어.

A: 금오산은 올라가는 길도 많다는데 어디로 올라갔어?

B: 차를 주차장에 세워 놓고 뒷길로 올라갔다 내려왔어.

A: 난 거기 안 가봤는데 거기는 어때?

이런 식으로 계속 질문을 이어가다 보면 서로 공감대도 형성되고 대화가 길어진다.

대화가 어려운 사람은 질문하는 방법을 알면 자신감도 생기고 사람들과 어울리기가 쉽다. 질문을 할 때는 상대의 말을 잘 듣고 어떤 말을 해야 할지 생각하고 질문을 해야 한다. 질문을 하라고 하면 상대방이 대답하고 싶지 않은 질문을 하는 사람도 있다. 시집 안 간 노처녀에게 시집은 언제 가느냐고 묻는다면 상대의 자존심을 건드리는 질문이므로 하면 안 된다. 궁금한 게 있어도 상대가 말을 할 때까지 기다릴 줄 알아야 상대의 마음을 얻을 수 있다.

저자가 아는 H는 궁금증을 참지 못한다. 지나가는 사람이 옷을 예쁘게 입었으면 어디서 샀느냐고 물어본다. 지나친 궁금증으로 상대를 불편하게 할 수도 있다. 될 수 있으면 상대가 불편해 할 질문은 피해 주는 것도 예의이다. 좋은 질문은 상대와 가까워지게 하는 반면 나쁜 질문은 사이를 멀어지게 한다.

소개팅을 주선한 적이 있다. 서로 결혼적령기가 지난 사람들이라 대화가 잘 통할 거라고 생각했는데 결말이 좋지는 않았다. 처음 만나는 자리에서 해야 할 질문을 서로 잘 몰랐다는 것이 문제였다. 소개팅 자리는 아무리 말을 잘하는 사람도 긴장되게 마련이다. 이런 자리에서는 질문에 더 신중해야 한다. 어떤 질문을 하느냐가 문제다. 소개팅에서 하는 질문인 신상정보를 묻는 것은 상대에게 뭔가를 캐묻는 것 같은 느낌이 들게 하고 불쾌한 느낌을 줄 수 있다.

진부하고 식상한 질문은 대화를 이끌어 낼 수 없다. 먼저 상대방이 편하게 답할 수 있는 가벼운 질문을 해서 마음을 열어야 한다. 최근 이슈나, 취미, 하고 있는 일에 대한 이야기로 시작한다면 쉽게 대화를 할 수 있다. 선생이 직업인 사람이라면

A: 아이들 가르치는 일은 어떠세요?
B: 말도 마세요. 요즘 애들 힘들어요.
A: 많이 힘드시구나. 애들은 어른보다 괜찮을 줄 알았는데.
B: 장난 아니에요. 요즘 애들은 워낙 똑똑해서….

이런 질문을 통해 상대가 어떻게 살아가고 있는지 알 수가 있다. 질문을 해도 상대가 부담스럽지 않은 질문을 해야지 대화가 이어진다. 대화를 못한다고 걱정할 필요는 없다. 지식이 없어도 괜찮다. 하고 싶

은 말을 솔직히 표현하고 상대를 존중하는 질문만 잘 활용해도 얼마든지 대화를 할 수 있다. 말이란 일방적이 아니라 상대적이므로 좋은 질문을 한다면 상대도 편안하게 질문에 답을 한다. 여러 가지 질문법이 많지만 기본적인 것만 알아도 어디를 가도 소외되지 않고 사람들 속에서 재미있는 대화를 할 수 있다. 사람의 마음을 얻는 질문법은 솔직함과 상대를 존중하는 마음이 우선이다.

8. 비언어 스피치

    말을 하거나 발표를 할 때 가장 힘든 것이 눈맞춤이다. 처음 보는 사람과 눈맞춤을 하기란 여간 훈련된 사람 아니고서는 힘이 든다. 처음 강단에 서는 사람이라면 내게 관심을 보여주고 고개를 끄덕여주는 사람과 눈맞춤을 하는 게 좋다. 어느 정도 긴장이 풀리고 불안감도 줄어들 때 서서히 다른 사람 쪽으로 시선을 옮겨 가면 된다. 발표자의 눈길이 한 곳으로만 집중되면 다른 청중은 소외감을 느낀다. 발표자는 청중과 눈맞춤을 하려고 노력해야 한다. 청중은 절대로 먼저 발표자를 봐주지 않는다. 발표자의 눈빛에 열정과 확신에 찬 마음이 보여야 청중의 관심을 얻을 수 있다.

    이렇듯 중요한 시선을 어떤 식으로 해야 할까. 눈길의 방향은 강당이 2층으로 되어 있을 경우 2층 맨 끝에 있는 사람부터 시작되어야 한다. 왜냐하면 2층이라는 공간은 1층보다는 발표자의 눈길이 미치지 못하는 공간이기 때문이다. 2층 좌측 맨 끝에 앉아있는 사람한테 시선을 주고 좌측에서 우측으로 시선을 옮기면 된다. 1층에 있는 사람도 마찬가지다. 맨 끝에 앉은 사람부터 시선을 줘야 한다.

    시선을 주는 방법은 좌측에서 우측으로 우측에서 좌측으로 앞에서 뒤로 뒤에서 앞으로 지그재그로 본다. 눈을 바라보는 시간은 3초가 적당하다.

상대의 눈을 보는 것이 익숙하지 않으면 시선처리가 어렵다. 하지만 연습을 하면 충분히 상대방의 얼굴을 바라보면서 이야기할 수 있다.

상대방이 말을 할 때는 제스처도 함께 해 주면 좋다. 맞는 말을 하면 고개도 끄덕여주고 말에 따라 몸도 함께 움직여 줘야 상대방이 내 말에 집중하고 있다고 느낀다.

발표자는 항상 환한 미소로 사람들에게 나서야 여유와 자신감이 생긴다. 기쁜 이야기를 할 때는 밝은 표정으로 하고 슬픈 이야기를 할 때는 심각한 표정을 지어 보이면 청중도 함께 이야기 속으로 빠져 든다.

그리고 강의를 할 때 팔 동작을 어떻게 해야 할지 모르는 사람들이 많다. 팔을 가만히 몸에 붙이고 있으면 불편하다. 말을 하면서 동시에 팔도 움직여 줘야 한다. 어깨에 힘을 풀고 팔 높이는 가슴 위에서 움직이는 것이 좋다. 제스처는 크게 하는 것이 좋지만 너무 크면 보는 사람이 부담스럽기 때문에 반원을 그리는 정도의 폭으로 하면 된다. 제스처는 말을 하는데 양념 역할을 하기 때문에 자기만의 제스처를 만들어보자. 제스처는 말과 함께 움직일 때 설득력이 있다.

발표를 할 때 가장 기본적인 것이 인사다. 인사도 방법이 있다. 자기소개를 할 때는 대부분 고개를 숙이는 동시에 말을 한다. 청중에게 박수를 두 번 쳐야 할 실례를 범하는 일이다. 인사를 할 때는 손은 공수자세로 여자는 오른손이 위로 남자는 왼손이 위로 올라가야 한다. 자기소개를 한 다음에 45도 각도로 고개를 숙여야 한다. 단상이 있을 때는 단상 옆에 가서 인사를 하고 발표를 하면 된다.

단상 자세는 몸 사이로 주먹 하나 정도 들어갈 공간을 두고 서면 된다. 다리는 어깨 넓이로 서고 허리는 반듯하게 턱은 당기고, 손은 단상 위에 가지런히 놓으면 된다.

유무선 마이크를 사용하는 방법도 있다. 마이크 손잡이는 스위치가 있는 곳을 쥐고 입과 마이크 사이는 주먹 정도 들어가게 거리를 두고 마이크로 잡는다. 주의할 사항은 입을 가리지 말아야 하고, 두 손으로 잡지 말고, 비스듬히 기울게 잡지 말아야 한다는 것이다. 겨드랑이를 살짝 붙이면 마이크가 입을 따라 움직인다. 유선 마이크일 때는 선을 절대로 꼬지 말아야 한다. 마이크를 테스트할 때는 '하나, 둘, 셋' 하고 테스트를 하면 된다. 손으로 마이크를 툭툭 치거나 '아아'라고 말하면 안 된다.

메모 카드는 A4용지를 반으로 접어 사용하는 것이 좋다. 손에 쥔 메모카드는 움직이지 말고 고개를 움직여야 한다. 메모카드로 얼굴을 가리지 않는다. 키워드 중심으로 내용을 보고 청중과 눈맞춤을 한다.

보디랭귀지를 할 때 주의사항이다. 눈맞춤을 하라고 한다고 계속 눈만 뚫어지게 바라보며 상대가 민망할 수도 있다. 시선은 골고루 분산되어야 한다. 눈만 바라보는 게 아니라 상대방의 동작을 따라 같이 움직여주는 것이 좋다.

상대가 말을 할 때는 산만한 행동은 하면 안 된다. 볼펜을 누르거나, 다리를 꼬고 팔짱을 끼는 행동, 손으로 입을 가리는 행동은 신뢰감을 잃을 수 있다. 말을 하는데 휴대폰을 만지는 일이 없도록 조심해야 한다.

비언어적 메시지가 언어 이상으로 중요한 이유는 말보다 행동이 신뢰가 가기 때문이다. 상대의 말을 집중하고 있다고 해도 행동에서 아니라는 것이 느껴질 때가 있다. 서로 마주 하고 대화를 하면서도 시선은 다른 쪽에 둔다면 말하는 사람은 불쾌하다. 아무리 유능한 사람이라고 해도 두 번 다시 대화하고 싶지 않을 것이다.

  대화는 여러 명이 모일 때 조심해야 한다. 자기 관심 분야가 아닌 이야기나 재미없는 말에는 귀를 기울이지 않는다. 지루한 말을 한다고 폰을 만지고 옆 사람과 딴 짓을 하는 사람은 자기가 말을 할 때도 상대방이 그렇게 행동한다는 사실을 알아야 한다. 말이란 언제나 상대성이다. 내 말에 공감을 해 주고 집중해서 들어주는 사람한테 말을 하고 싶어진다. 재미있는 말에는 같이 즐거워하고 우울한 이야기도 함께 슬퍼할 줄 아는 사람이 대화를 잘 이끌어가는 사람이다. 대화를 할 때는 말도 중요하지만 비언어적인 것도 중요하다.

9. 인상, 복장

첫인상이 좋으면 대화에서 성공할 확률이 거의 90%다. 용모, 태도, 옷차림, 표정을 합한 것이 인상이다. 미국의 사회심리학자 앨버트 메라비언의 법칙에 따르면 인상을 결정하는 데 있어서 시각적 요소가 55%, 청각적 요소가 38%, 언어적 요소가 7%로 영향을 준다. 말은 귀로 듣는 것이지만 정작 사람들이 강하게 인식하는 것은 눈으로 보는 시각적인 요소다.

첫인상은 4초에 결정된다고 한다. 첫인상이 상대에게 부정적으로 보였다면 머릿속에 각인된 정보를 지우는 시간은 짧게는 40시간, 길게는 41일이 걸린다고 한다. 41일간 매일 그 사람을 만나야 좋은 인상으로 바꿀 수 있다. 취업준비생들을 상대로 면접지도를 해 보면 첫인상에서 합격, 불합격이 느껴진다. 그만큼 첫인상이 중요하다. 좋은 인상을 가진다는 것은 대화할 때 유리하다.

상대방에게 좋은 인상을 주기 위해서는 상대를 정확하게 판단해서 존중하고 있다는 것을 보여 줘야 한다. 밝은 목소리와 웃는 얼굴을 보여 주면 상대가 호감을 느낀다. 인상도 꾸준히 연습을 하면 달라진다.

극작가 셰익스피어는 "당신이 원하는 것을 검으로 이루고자 하면 안 된다. 미소로 이루라"는 말을 했다. 말을 해도 웃는 얼굴을 한 사람과 대화를 하면 기분이 저절로 좋아진다.

인상을 만드는 것은 어려운 것이 없다. 입꼬리를 올리고 웃는 연습을 하면 좋은 인상이 된다. 웃는 얼굴에 침 못 뱉는다는 말이 있듯이 웃는 사람에게는 용서도 쉽게 해 줄 수 있다는 말이다.

심리학과 학생들의 모의재판이 있었다. 피의자 B는 깔끔한 복장에 화장도 하고 나왔고 피의자 A는 허름한 차림에 화장도 안 하고 머리도 엉망인 상태였다. 배심원의 결과는 A에게는 8년 형을 B에게는 5년 형을 구형했다. 모의재판이기는 했지만 인상이 재판에도 큰 영향을 끼친다는 뜻이다.

J는 어디를 가나 인상 때문에 힘든 사람이었다. 그는 인상이 강해서 사람들이 무서워한다. 인상이 강하다고 마음까지 그런 것은 아니지만 스스로 열등감이 빠져 지냈다. 그는 웃는 모습이 멋지고 마음씨가 따뜻한 사람이다.

가만히 있으면 무섭고 차가운 인상이지만 웃으면 사람들이 다 좋아한다. 그래서 매일 웃는 연습을 했다. 그를 보는 사람들은 인상이 달라졌다고 했다. 뭐든 열심히 하면 바꿀 수 있다.

첫인상을 결정하는 데 얼굴 다음으로 중요한 것은 복장이다. 대화를 하는 데 복장이 뭐 그리 중요하냐고 반론을 제기할 수도 있다. 여기서 옷을 잘 입으라는 건 명품을 입으라는 소리가 아니다. 때와 장소에 맞추어 적절한 복장을 입어야 한다는 말이다.

옷이 얼마나 중요한지 실험을 해봤다. 허름한 복장을 한 남자가 빨간 신호등에 길을 건넜다. 그러자 옆에 있던 2명이 그를 따라 무단횡단을 했다. 다음에는 말쑥한 정장차림을 한 사람이 무단횡단을 했다. 6명이 그를 따라 걸어갔다. 복장이 주는 신뢰와 영향력을 보여주는 사례다.

요즘은 복장이 다채로워졌다. 아웃도어를 평상복으로 입는 사람도 있다. 그런데 결혼식장에도 등산복을 입고 오는 사람이 있다. 상갓집에도 등산복 차림으로 간다. 복장의 자유도 좋지만 때와 장소에 따라 입어야 한다. 복장도 인격이다. 첫인상과 복장에 따라 사람들의 관심의 대상이 될 수도 있고 소외될 수도 있다.

첫인상도 복장도 마음만 먹으면 얼마든지 바꿀 수 있다. 웃는 사람은 좋은 일만 생기고 인간관계도 원만하다. 노력하면 안 되는 일은 없다. 말도 연습하면 잘 할 수 있고 인상도 노력하면 변할 수 있다. 같은 공간에서 같은 수업을 해도 잘하는 사람이 있고 못하는 사람의 차이는 연습의 차이다. 어떻게 하면 스피치를 잘할 수 있을지는 각자의 몫이지만 인생을 바꾸고 싶은 사람은 오늘부터 웃는 연습, 옷을 차려 입는 습관을 만들어 보자.

10. 초면인 사람과 대화하는 방법

세상을 살면서 수많은 사람을 만나고 헤어진다. 자주 만나는 사람이 있는가 하면 난생 처음으로 만나는 사람도 있다. 많은 사람들과 만나면서 첫 마디를 어떻게 건넬까 고민하는 사람들이 많다. 처음 보는 사람에게 말을 건네기는 두려움이다. 상대를 모르니 서로 경계를 할 수 밖에 없다.

어떻게 하면 자연스럽게 말문을 열어야 할까? 지나치게 긴장할 필요도 없지만 너무 쉽게 다가서서도 안 된다. 자연스럽게 말을 걸기 위해서는 우선 상대방의 외적인 모습에서 관심을 가지는 것이 좋다. 상대방의 말투, 행동, 제스처를 관찰하다보면 말할 것이 하나쯤은 보일 것이다.

남자는 일, 능력 위주로 여자는 외모 위주로 이야기를 시작하는 것도 좋은 방법이다. 말을 예쁘게 하는 사람에게는 칭찬도 해 주고 좋은 행동을 하는 사람에게는 바른 생활을 칭찬하면 말 걸기가 쉬워진다.

상대를 편안하게 해 주면서 대화를 이끌어 가야 한다. 무조건 할 말이 있다고 말을 건네면 경계를 한다. 남녀 관계라면 조심해야 한다. 어느 정도시간을 가지고 상대의 관심사가 무엇인지부터 살펴야 한다.

상대에게 쉽게 다가 갈 수 있는 방법은 유머이다. 처음 보는 사람에게 유머를 한다는 것이 쉽지는 않겠지만 모두가 알 수 있는 공통관심

사라면 충분히 유머가 가능하다.

　수강생 한 분이 아들이 매일같이 책 산다고 돈을 받아간다고 했다. 책은 어디 있냐고 물어보면 학교에서 안 가져 왔단다. 그 말을 듣는 순간 저자는 피식 웃음이 나왔다. 38년 전의 저자의 모습이 생각나서이다. 저자도 책 산다고 용돈을 받아가서는 영화보고 떡볶이 사 먹고 음악 감상실에 갔다. 시도 때도 없이 학용품 산다고 돈 받고 학습비 내야 한다고 타낸 돈으로 신나게 놀았다. 엄마는 알면서도 속고 모르면서도 속아 줬다. 그런데 어느 날 수학 문제집 산다고 돈을 달라고 했더니 엄마가 "며칠 전에 샀는데 이제 다른 책을 사야지" 했다. 순간 가슴이 철렁 내려앉았다. 엄마는 알면서도 모른 척 돈을 주신 거였다.

　저자의 이야기에 여기저기서 "맞아, 우리도 그런 적이 있어"라고 하면서 옛날 생각이 나는지 시끌벅적 했다. 누구나 한 번 쯤은 노트 사고 책 산다고 돈 받아서 친구들과 영화보고, 오락하고 놀아본 경험이 있다. 그때 받은 돈으로 책을 사서 공부를 했더라면 모두들 서울대학 갔을 거라면서 같이 웃었다. 공통 관심사로 얘기를 하면 금방 친해지는 것이 사람이다. 재미있는 이야기는 사람들과 빨리 친해지게 만든다. 처음만나는 사람일수록 대화는 즐겁고 재미있어야 한다. 상대도 나도 긴장감을 풀고 솔직한 경험들로 이야기를 하면 쉽게 가까워진다.

　그리고 이름을 기억해 주는 것이다. 사람들은 자기 이름을 기억해 주는 것을 좋아한다. 이름을 기억한다는 것은 관심이다. 될 수 있으면 처음 보는 사람일수록 이름을 기억을 해 주자. 저자는 첫 수업 때 수강생 이름을 다 외운다. 이름을 기억해서 일일이 불러주는 것과 그렇지 않은 것은 상당한 차이가 있다. 일부러도 외우면 좋다. 모임 같은 데서도 누군가 이름을 불러주면 특별한 대우를 받는 느낌이 든다.

명함을 주고받을 때는 가방에 넣을 게 아니라 이름을 기억했다가 헤어질 때 상대의 이름을 불러준다며 큰 의미를 느낀다.

이렇듯 처음 보는 사람들과도 얼마든지 대화를 편안하게 할 수 있는 방법이 많다. 사람을 상대하는 것처럼 힘든 것이 없다.

힘든 인간관계를 잘하는 방법은 없을까? 고민하는 사람들에게 한마디 전하고 싶다. 상대에게 관심을 가지고 칭찬으로 말을 걸어 보라. 아무도 싫다는 사람이 없다. 칭찬처럼 사람사이를 가깝게 해 주는 것도 없다.

칭찬을 잘하는 친구가 있다. 칭찬대회가 있으면 일등을 할 정도다. 친구는 누구를 만나도 칭찬으로 대화를 시작한다. 칭찬 앞에 경계심은 없다. 상대의 마음을 여는 것이 오래 걸리지도 않는다. 친구가 허세나 가식으로 칭찬하는 것이 아니라 있는 그대로를 칭찬해 준다 그 친구를 만나면 기분이 좋다. 뭐든 칭찬을 만들어 낸다. 외모에서, 행동에서, 말투에서 칭찬을 받는 사람도 행복하고 칭찬을 하는 사람도 즐겁다. 친구는 진정으로 사람의 마음을 읽을 줄 안다.

친구에게 어떻게 하면 칭찬을 잘하냐고 물었더니 칭찬할 것을 찾아서 진심으로 하면 된다고 했다. 남들이 다하는 칭찬이 아닌 남이 찾아내지 못한 것을 찾아서 칭찬하는 것이다.

어떤 사람들은 칭찬이라고 생각하고 한 말이 상대를 기분 나쁘게 하는 경우도 있다. 제대로 알지도 못하고 어설프게 칭찬을 하면 그렇게 된다. 그런 칭찬은 차라리 안 하는 것이 낫다. 사람들은 조금만 관심을 가지면 친한 척 하고 다가간다. 무리하게 가까워지려고 하는 사람은 일단 경계대상이다.

사람관계는 멀어서도 안 되고 가까워도 안 된다. 나무와 나무 사이의 간격을 보라. 사이가 떨어져야 건강한 꽃과 열매로 자란다. 사람도 가까울수록 거리를 두고 여유를 가지는 게 오랜 관계를 유지하는 방법이다.

서로에 대한 관심사나 공통점 기혼자들은 아이들이야기로 대화를 시작한다면 한 가지 정도는 통하는 것이 있다. 취미를 공유해도 좋고 영화나 책 이야기로 말을 건네도 괜찮다. 함께 할 수 있는 이야기를 찾아내는 것이 처음 보는 사람에게 다가가는 쉬운 방법이다.

상대의 성격에 따라서 말을 하는 것도 중요하다. 외향적인 사람들은 처음만나도 말을 잘하고 빨리 친해질 수도 있다. 내성적인 사람은 다가가기도 힘들고 다가오는 사람도 쉽게 받아들이지 못한다. 그런 사람일수록 편안하게 천천히 기다려줘야 한다.

좋은 관계를 형성하려면 뭐든 일방적인 것은 없다. 상대를 먼저 생각하고 배려하면서 공통점을 찾는 연습을 해야 한다. 생전 처음 보는 사람들이 하루아침에 친해진다는 것도 있을 수 없는 일이고 그렇게 친한 사이는 오래 지속되기도 어렵다. 사람과 사람 사이에도 간격이 필요하다. 처음 보는 사람일수록 공감대를 찾고 천천히 가는 연습을 해보자. 오래 익혀둔 장맛처럼 구수한 맛이 나는 만남이 될 때까지.

11. 감정 수위 조절

　말을 할 때는 잘하는 것도 중요하지만 상대방의 말에 감정 조절을 잘하는 것이 중요하다. 말을 하다 보면 화가 나거나 서로 의견이 다를 때는 감정이 올라간다. 더구나 싸움을 할 때는 감정 조절을 하기가 어렵다. 신도 아니고 성인군자가 아닌 이상 감정을 다스린다는 것이 쉽지는 않다.

　스피치도 감정 수위 조절이 가장 어렵다. 댐에 물을 가두어 놓고 물이 넘칠 것 같으면 방류한다. 그리고 가뭄을 대비해서 가둬 두기도 한다. 말도 댐처럼 수위 조절을 잘해야지 홍수를 막고 가뭄을 해갈할 수가 있다.

　화가 날 때 감정 수위 조절을 잘하는 사람은 스피치의 달인이다. 말도 잘하고 감정 조절도 잘하면 얼마나 좋을까마는 그런 사람이 드물다. 그럼 안 된다고 포기하라는 말인가? 그건 절대로 아니다. 시작도 안 해보고 포기하는 것처럼 어리석은 사람은 없다. 감정 조절도 얼마든지 연습으로 할 수 있다.

　말에 따라 감정이 변한다. 좋은 말을 하면 좋은 감정이 나쁜 말을 하면 나쁜 감정이 생기는 것은 당연하다. 상대와 큰 소리로 싸울 일이 생기면 일단 감정 수위 조절을 해서 해결이 되는지 파악을 해야 한다. 화를 최고로 내야 할 상황인지 아니면 적당히 해도 되는지 그 판단이 중요하다. 말만 해도 화부터 내는 사람이 있다. 그런 사람은 절대로 감정 수위 조절을 할 수 없다. 그래서 손해를 본다. 자기감정을 못 다스려서 상대방에게 소외되는 경우도 있다. 사회생활에서 그렇게 되면 인간관계가 어려워진다.

그렇게 되지 않으려면 감정조절 하는 연습을 해야 한다. 처음에는 자신이 한 말에 대해 연습을 해보는 것이다. 상대가 어떤 식으로 말할 때 감정이 올라가는지 어떻게 할 때 감정이 조절되는지 이런 것을 파악해서 메모하는 습관을 들이는 방법을 써보자. 분명히 변화가 생긴다. 내가 한 말뿐만이 아니라 다른 사람들이 말하고 언성이 높아질 때도 들어보면 저런 상황일 때는 나 같으면 이렇게 말할 텐데 라고 적어놓고 공부를 해야 한다.

감정 수위 조절만 잘해도 싸울 일도 없고 상처 받을 일도 없다. 말 잘하는 것도 중요하지만 감정 조절도 스피치에서는 중요하다. 말만 하면 흥분하고 사소한 말도 화를 내는 사람이 있다. 별일도 아닌 것인데도 별일이 되고 그냥 지나갈 말도 혼자 흥분한다. 그런 사람은 감정 조절이 어려운 사람이다. 감정 수위 조절이 안 되면 싸움이 일어난다. 그런 사람에게는 말하는 것이 무섭고 대화하는 자체가 부담이 된다. 무슨 말을 해야지 괜찮을까 눈치를 봐야 하고 그런 시간이 길어지면 사람들은 떠나간다. 말을 해도 편안한 사람한테 하고 싶은 것이 사람들의 마음이다. 불편한 사람에게는 할 말도 줄이고 특별한 상황이 아니고는 대화를 피한다. 그런 대우를 받는 것은 슬픈 일이다.

감정 수위 조절을 잘해서 편안한 사람으로 인정받고 사는 것만큼 행복한 일도 없다. 누가 무슨 말을 해도 '저 사람한테는 괜찮다'라는 말을 듣는 사람이 스피치의 힘을 아는 사람이다. 흥분하면 대화를 할 수 없다. 감정이 앞서는 사람은 대화의 본질을 잊어버린다.

사소한 말 한마디에 죽자고 싸우는 사람들을 봤다. 아무리 생각해 봐도 싸울 일이 아닌데 그 이유는 두 사람 다 감정 수위 조절을 못한 결과이다. 하루에도 수도 없이 감정 조절을 못 해서 다투는 사람들이 있다.

지금부터 감정 수위 조절하는 연습을 하자. 충분히 가두고 방류할 수 있는 능력을 기를 수 있다. 뭐든 연습하고 노력해서 안 되는 일이란 없다. 내 감정을 내가 다스리지 못하는 사람은 감정 조절 때문에 피해를 본다. 그렇게 안 되려면 무조건 연습하는 방법밖에 없다. 감정이란 내가 조절할 수 있을 때 빛이 난다.

마치는 글

스피치는 상대를 섬기는 것이다.

이 책을 시작하면서 '우리는 어떻게 하면 말을 잘할 수 있을까?'에 대해 많은 이야기를 풀어 놓았다. 우리가 얻어 낸 것은 의외로 단순한 것이었다. 상대를 존중하고 섬기는 말이 세상에서 가장 빛나는 말이라는 사실이다.

존중하고 섬기는 말이란 어떤 말인가? 먼저 상대의 말에 귀 기울이고 들어 주는 것이다. 사람들은 말하는 것도 듣는 것도 자기 기준으로 듣고 말한다. 상대가 하고 싶은 말에는 관심도 없다. 그냥 건성으로 듣다가 또 자기 말을 한다. 이런 식이 반복되다 보니 사람들과 대화가 안 된다는 소리가 나온다.

말은 일방통행이 아니라 쌍방통행이다. '저 사람은 내 스타일이 아니라서', '저 사람은 나와 수준 차이가 나서' 등 자기의 기준점에서 벗어나는 사람들과의 대화는 선입견을 가지고 하기 때문에 더욱 대화가 어렵다. 있는 그대로 상대의 말을 들어주고 대화를 한다면 좀 더 폭넓은 대화를 할 수 있지 않을까.

사람들은 누군가의 말을 듣기보다는 자기의 말을 들어주기를 원하는 마음이 더 큰 법이다. 그래서 자기 말만 중요하다고 목소리를 높인다. 그런 대화법은 결국 사람들로부터 외면당한다.

진짜로 말을 잘하는 사람은 말을 잘 들어주는 사람이다. 어떻게 해야 말을 잘 들어 주는 사람이 되는지 구체적인 방법은 본문에 서술해 놓았다.

경청을 잘하는 사람 주위에는 언제나 많은 사람들이 함께 한다. 말이 사람을 얻고 때로는 사람을 잃게 한다. 우리는 사람을 얻는 말을 해야 한다. 저자가 만난 사람들 중에는 사람을 살리는 대화를 하는 사람도 있었고 사람을 죽이는 대화를 하는 사람도 있었다. 말로 인한 상처는 잘 아물지 않고 오래간다는 사실을 알면서도 실천을 못 하는 사람들이 바로 우리의 모습은 아닐까. 여러분은 어떤 대화를 해야 상대에게 상처를 주지 않고 말을 잘할 수 있는지 생각해봤으면 한다.

사람을 얻는 말은 어떤 것이 있는지 이 책 속에 그 답이 들어있다. 긍정적인 대화 방법, 상대를 섬기는 대화 방법, 다양한 말하는 방법을 사례를 다루어서 설명했다. 말을 잘하는 것도 중요하다. 하지만 이 책은 어떤 말을 사용하면 인간관계를 잘할 수 있는가에 초점을 맞추고 있다.

말을 잘할 줄 아는 사람은 언제나 행복하다. 그런 사람들은 어떻게 말을 하면 상대를 즐겁게, 편안하게 해 줄 수 있는지 답을 안다. 내 말을 누군가 들어주기만 해도 말하는 사람은 신난다. 서로 공감대가 형성될 때 마음이 열린다. 아무리 말을 논리적으로 잘하는 사람도 상대방의 마음을 열지 못하면 스피치에 아무런 의미가 없다. 말이란 진심을 가지고 상대방과 소통하는 것이다.

스피치라고 하면 사람들은 말 잘하는 것으로만 생각한다. 물론 맞는 말이다. 말을 잘하는 것도 중요하다. 더 중요한 것은 사람의 마음을 여는 것이다. 상대를 모르고 대화를 할 수는 없다. 그런 대화는 일회성에 불과하고 진정성마저 부족하다.

상대방의 마음을 읽을 수 있다면 우리는 어떤 사람도 설득할 수 있다. 말을 잘하는 것이 곧 설득을 잘하는 것이고, 설득을 잘하는 사람이 상대방의 마음을 열 수 있다. 상대를 알고 말을 하면 최고의 말꾼이 된다.

스피치 강사를 하면서 많은 사람들과의 대화에서 얻은 깨달음은 말은 영혼을 깨우는 마음의 소리라는 것이었다. 이 책을 읽고 단 한 사람의 독자라도 내 생각과 같다는 사람이 있다면 행복할 것이다.

저자는 스피치를 통해서 새로운 세상을 만났고 스피치를 통해서 인생이 달라졌다. 이 좋은 것을 다른 사람과 함께 나눌 수 있는 것이 감사하다.

스피치를 하다 보면 자신을 돌아볼 기회가 많다. 살면서 언제 누군가에게 비난의 말, 또는 위로의 말, 칭찬의 말을 했던가? 내가 몰랐던 나를 발견하고 나면 측은지심에 울고, 고마워서 울고, 서러워서 울고, 아파서 우는 사람들도 많다. 이 모든 것을 스피치로 풀어낼 수 있다면 좀 더 즐겁고 편안한 삶을 살 수 있지 않을까. 절망한 사람도 희망을 가질 수 있고 두려운 사람도 당당히 사람들 앞에 나설 수 있다. 스피치를 통해서 인간관계도 좋아지고 새로운 인연을 만들 수 있는 기회도 생긴다.

인간에게만은 왜 말할 수 있는 능력이 주어졌을까. 그건 생각할 수 있는 힘이 있기 때문이다. 스피치란 말만 잘한다고 되는 것이 아니다. 진심을 가지고 상대의 마음에 다가가는 것이다. 서로 다른 사람들이 만나서 함께 빛나는 말을 나눌 수 있다면 이 얼마나 행복한 것인가. 그 해답이 이 책 속에 있다.